# 适应性创新

## 不确定性下产业园生存之道

陈文言　任好利　孙丽云 ◎ 著

中信出版集团 | 北京

图书在版编目（CIP）数据

适应性创新：不确定性下产业园生存之道 / 陈文言，任好利，孙丽云著 . -- 北京：中信出版社，2020.10
ISBN 978-7-5217-2256-7

Ⅰ.①适… Ⅱ.①陈…②任…③孙… Ⅲ.①工业园—经济发展—研究—中国 Ⅳ.①F424

中国版本图书馆 CIP 数据核字 (2020) 第 181267 号

适应性创新——不确定性下产业园生存之道

著　者：陈文言　任好利　孙丽云
出版发行：中信出版集团股份有限公司
　　　　　（北京市朝阳区惠新东街甲 4 号富盛大厦 2 座　邮编　100029）
承　印　者：北京诚信伟业印刷有限公司

开　　本：880mm×1230mm　1/32　　印　张：9　　字　数：173 千字
版　　次：2020 年 10 月第 1 版　　　　印　次：2020 年 10 月第 1 次印刷
书　　号：ISBN 978-7-5217-2256-7
定　　价：50.00 元

版权所有·侵权必究
如有印刷、装订问题，本公司负责调换。
服务热线：400-600-8099
投稿邮箱：author@citicpub.com

## 《适应性创新》编委会成员

| 韩 柏 | 王文礼 | 黄传新 | 柏雪梅 |
| 刘耀堂 | 刘 畅 | 钟 萍 | 田玉山 |
| 张 仪 | 周 宇 | 魏宁宁 | 彭 畅 |
| 毕海滨 | 李乃康 | 马建华 | 陈玉卓 |
| 傅振宇 | 李一平 | | |

# 目 录

序 言 / XI
前 言 / XIII

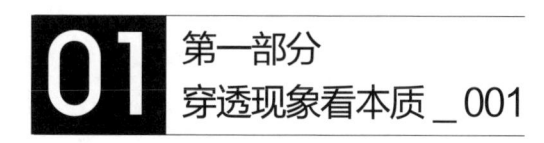

## 01 第一部分 穿透现象看本质 _ 001

### 第一章
### 适应性是创新的必然之义 / 003

一、适应性创新的概念　003
　（一）适应性源起　003
　（二）适应性的概念　005
　（三）适应性创新的定义　005

二、适应性创新是铸就中国经济奇迹的重要驱动力　006
　（一）中国经济发展过程中的适应性创新　006
　（二）适应性创新是应对复杂不确定性环境的最佳法宝　011

## 第二章
## 产业园适应性创新 / 015

一、唯一的确定就是不确定 015
二、适应性创新是制胜之道 017
三、"两线六环节多主体"是产业园创新决策的关键 018
四、产业园适应性创新系统"六元论" 023

# 02 第二部分
# 中关村生命科学园实践 _ 025

## 第三章
## 中关村生命科学园发展背景 / 027

一、生命科学产业——新一代大国战略竞备 028
二、中国生命科学产业——实力悬殊的必胜之战 036
三、中关村生命科学园——"产业、制度、路径"三探索 037
四、各级垂范,条块合作——支持与制约 038

## 第四章
## 中关村生命科学园适应性创新 / 041

一、创新要素聚集——自上而下的规划和资源驱动发展 043

（一）发展背景——弱产业基础与弱政策支持，园区低水平运营　043

（二）发展关键动作——顶层规划与底层基础建设　046

（三）经验与挑战　051

二、创新优化提升——内生和自发展能力形成　060

（一）发展背景——行业整体趋好，竞争倒逼高质量发展　061

（二）发展情况——招商走向育商，开发走向全周期运营　064

（三）经验与挑战　074

三、全球开放创新——主动融入全球价值链高阶，向世界级自主原始创新策源地目标进军　077

（一）发展背景——企业创新能力提高，国家政策支持全球化　077

（二）发展情况——全面全球化　078

（三）经验与问题　087

# 第五章

# 中关村生命科学园建设的社会经济效益 / 097

一、中关村生命科学园对中国生物医药行业的贡献和影响　097

（一）产业前沿原创研究全面强化产业基础能力　098

（二）高端人才集聚和溢出　101

（三）科研机制创新和示范效应　104

（四）产业溢出　110

（五）构建新的全球产业竞争版图　111

二、中关村生命科学园对京津冀生物医药产业发展的影响　113

（一）集聚生物医药产业，促进北京"高精尖"产业格局构建　113

（二）输出重大原创成果，引领京津冀生物医药产业创新发展　116

（三）推广园区品牌运营，带动京津冀生物医药产业协同发展　119

# 03 第三部分
# 先进经验与新趋势　123

## 第六章
## 国内外产业园案例借鉴 / 125

### 一、美国硅谷　126
（一）地缘竞争和政府采购催生硅谷　127

（二）多维硅谷驱动机制　128

（三）硅谷各创新主体的适应性发展　133

（四）硅谷经验总结　148

（五）硅谷发展中的教训　151

### 二、上海张江高科技园区　156
（一）国家改革开放、高新产业布局与上海转型催生张江　156

（二）园区适应性创新发展演化　157

（三）园区管理运营机制演变　166

（四）园区产业集聚过程　169

（五）园区产业发展驱动力　172

（六）张江集团商业模式演变　174

### 三、东莞松山湖科技产业园区　178
（一）东莞城市和产业转型催生松山湖科技产业园　178

（二）园区适应性创新演化　180

（三）园区发展经验借鉴　193

四、案例总结　198

（一）适应性创新是园区发展的根本之道　198

（二）科学的政府管治是创新发展的基石　198

（三）科研院校是提高产业集聚本地根植性的重要因子　199

（四）金字塔形企业结构是区域持续发展的基础保障　200

（五）专业化将成为未来园区发展的重要趋势　201

（六）新的产业生态环境需关注人的全面发展需求　201

（七）成功的区域创新系统终将融入全球创新系统　202

第七章
# 适应性创新响应新趋势与新要求 / 203

一、逆全球化思潮兴起使自主创新成为必然战略道路　203

二、后工业化时代产业特征促使产业生态环境优化　205

三、新型城镇化要求产业发展集约内涵式增长　206

四、政府职能由管理向服务转变　207

五、国企改革促使产业发展理念转变　208

# 04 第四部分
## 适应性创新赋能园区可持续发展 211

### 第八章
### 主体创新，打造创新中枢 / 213

#### 一、组织管理体制优化 213
（一）从政府主导走向专业化运营时代 213
（二）专业化运营管理能力的构建 216

#### 二、创新发展理念和赢利模式 222
（一）走向利益共同体 222
（二）全周期运营，多点赢利 225

#### 三、创新园区筹融资模式 228
（一）提高直接融资比例 228
（二）统筹基础资产规划，进行资产证券化 233
（三）盘活存量资产，充分利用融资工具 234

#### 四、创新主体适应性发展 235
（一）高校与科研机构的创业化、企业化 235
（二）创新动力的激发 237
（三）更广域范围、更高阶竞争环境的专业性服务支持 239
（四）创新"死亡谷"的突破 241

## 第九章
## 制度创新，打造富有竞争力的产业生态环境 / 245

一、人才引进政策　245
　　（一）靶向施策，制定针对性人才政策　246
　　（二）多元化人才合作模式，打造灵活用人机制　248
二、金融服务政策　250
　　（一）创新金融产品与丰富融资方式　250
　　（二）多主体相互补充的投融资结构　252
三、土地政策　254
　　（一）顶层规划提高土地利用弹性　254
　　（二）全生命周期管理提高土地利用效率　256
　　（三）市场化机制盘活存量　257
四、财政税收体系　259
　　（一）扩大政策覆盖，增强普惠性和功能性　259
　　（二）优化政策细则，提高政策送达性　261

后　记　263

# 序　言

"已有之事，后必再有；易行之事，后必再行。日光之下，并无新事。"这句话出自《圣经》，意思是事物的本质是一样的。现在发生的一切，以前也曾以某种形态出现过，或未来也将以某种形态表现出来。天道乃常道——这种认知，在当前世界前景晦暗不明、不确定性加剧的情况下，对人们避免陷入虚无论的悲观论调中具有十分重大的现实意义。

因此，我非常欣喜看到这本书颇具创新性地将产业园的发展置于历史的纵深和阔大的国内外竞争环境中，用情景还原的办法在特定的场景下解读产业园相关主体行为的合理性和科学性。这既避免了脱离实际且以臆想的蓝图去机械照搬、照套其他园区发展路径和模式对园区发展带来的潜在伤害，从而保障园区持续有效运转；也使得园区运营主体可据此对园区发展进行长周期、广域范围内的压力响应分析，进而在园区发展杂芜的过程和事件中提炼出园区发展的共性规律。毋庸置疑，这本书的结论对广大的产业园从业者及相关工作者具有更广泛的指导意义。

对于这本书提出的适应性创新，我个人认为是对产业园乃至中国经济发展成功要义的精准把握。"相机性""持续动态性""自发性"等特征，精准刻画出了产业园这一底层区域创新系统持续精进和优化的必备内核。更可喜的是，这本书并没有止步于此，而是进一步讨论了在新的趋势和变化下，产业园相关主体及要素环境适应性创新的规律性演化方向，内容从哲学思辨层面上升到应用层面。

深圳世联行集团股份有限公司根植中国近三十年，与中国的城市化共脉搏、同发展，亲历了数百个国家级战略新区、产业新城、各类产业园的兴衰荣辱，我们期望借参与这本书的编撰工作，与读者分享我们在这一过程中沉淀的思考、经验与教训，襄助国家两个百年目标的实现。

陈劲松

深圳世联行集团股份有限公司联席董事长

2020 年 8 月 13 日

# 前　言

"越集聚越经济。"城市的规模经济、集聚经济和范围经济效益，说明城市是人类社会发展过程中一种更高效、更高阶的制度安排和组织方式，城市因此成为人、资金、信息和其他资源要素聚集的天然之选。据联合国统计，目前世界上有 55% 的人口居住在城市，到 2050 年，这一比例预计将增加到 68%。而欧、美、日等发达经济体，整体城市化率已接近或超过 80%，部分超过 90%。可以说，城市化是人类的必然选择。

创新是城市化的原始动力。第一次工业革命中蒸汽机的发明，将人类从小农经济中释放出来，使之进入工厂，从而揭开了英国城市化的帷幕。第二次工业革命中电力的发明，让大规模工业化成为可能，人类社会也随之进入广泛的城市化进程。当前，主要经济体国家基础工业体系已相对成熟，高新技术产业成为各国、各城市战略竞争的高地，创新日益成为城市乃至国家经济发展的关键动力。

城市是现代创新活动生发的母体。城市的资金和资源调配能力、产业基础、市场需求、研发能力是创新的底层保障。城市作为一个有机体，持续进行制度创新、组织优化的能力和意愿，则直接影响着创新环境和创新的制度成本。因此，城市的综合实力决定了创新的高度及创新持续能力。在这个意义上，可以说未来国家的竞争力取决于城市，尤其是核心城市的竞争力。

中国现代意义上的城市化自改革开放起，历经 40 余年，经历了以大开挖、大建设、拉大骨架为主的简单粗放式的"土地城市化"，以及以增量开发为主的城市化，现在正步入深度城市化的新阶段，即转向"人的城市化""功能的城市化"的内涵式发展，增量扩容与存量盘活提质并举，从以传统工业驱动向战略性新兴产业驱动乃至创新驱动转变。新兴的城市化模式必将对社会经济的方方面面提出新的要求。同时，中国目前正逢百年不遇之大变局，内部"三期叠加"[①]震荡效应急需平抚，外部逆全球化喧嚣动荡，城市未来发展面临的不确定性加大。

产业园是产业发展、创新活动的主要载体，是多个创新主体集聚而成的局域创新系统，也是城市组织的构成细胞。产业园的发展，与城市发展息息相关、休戚与共。产业园必须紧密融入城市，根植于城市，在城市发展中寻求自身发展之路。

因此，未来产业园要直面更复杂多变的发展环境，根植于城市，提升系统弹性容错生存力。也就是说，产业园创新生态系统内的各个主体在城市化过程中，要应对城市环境和要素纷繁复杂的变化，进行自组

---

① 三期叠加是指中国经济增长速度换挡期[从原来 GDP（国内生产总值）年均增幅双位数的高速增长期转化为中等速度增长期]、结构调整阵痛期（新旧动能转换的阵痛期）、前期刺激政策消化期（过去的宽松政策带来的影响有待消化）三个阶段性特征同时显现，让中国社会经济发展遭遇较大挑战。

织、自调整和自适应,即适应性创新——创新主体在不同时段针对关键矛盾或问题做出不同响应,以保持园区整体优化运营。

适应性创新具有时间节点效应。因此,本书采用情景还原法,将案例园区的发展回溯到当时当地的社会经济、政治文化、国际政治、生态环境等背景中去,对园区的发展进行历史的纵向评述,以便读者理解现象背后的深层机理性原因,从而对园区运营有更深入、更准确的认识,而非简单类比、机械照搬,避免"知其然,不知其所以然"的形式主义错误。

同时,本书创造性地发掘了产业园运营主体这一重要角色。越来越多的园区发展事实证明,产业园运营主体的科学前瞻性、主观能动性和持续运营服务能力对园区发展有着重大影响,但大多数传统产业园(主要指国有企业运营园区)理论仅将运营主体视为政府代言人、政策制定者,而忽略了运营主体更多维的属性以及其对园区运营更多重的价值和意义。

# 01 第一部分
## 穿透现象看本质

# 第一章
# 适应性是创新的必然之义

中国的产业园（尤其是国家级、省级产业园）是制度创新之产物，是集"政府+市场"两支力量、集聚资源优先发展的区域，在某种意义上是中国经济发展道路的一帧缩影。因而，要深刻理解中国产业园发展之道，我们需将视角转向中国发展的阔大背景。

## 一、适应性创新的概念

### （一）适应性源起

在《时间进程中的经济绩效》一文中，道格拉斯·C. 诺斯（Douglass C. North）对"什么是经济长期增长的关键"这一问题给予了回答。他明确指出："长期增长的关键不是资源配置的效率，而是适应性的效率。成功的政治经济体制演化出灵活的制度结构，后者能够经受住成功的进化所包括的震荡和变迁。"① 其中，诺斯提出了"适应性"的概念，并在制度经济学领域引发了国内外诸多学者对于制度适应性的探讨。

在探寻市场经济为什么优于计划经济的过程中，国内关注适应性的学者明确指出："决定一个经济体制的效率从而决定其优劣的，除了动力机制和信息机制之外，还有第三个最基本的要素，即经济体制的适应性，或者说应变能力。经济体制的适应性取决于体制的结构。"②

2005年，在《理解经济变迁过程》一文中，诺斯对"适应性效率"的内涵进行了较为全面的阐释，阐明了适应性效率促进增长的作用机理，即由于人类始终要面临不确定性的存在，在全新的环境条件下，以有限理性为特征的行动者只能采取创新行动。③

诺斯认为，经济变迁的成功在很大程度上依赖于制度结构能否产生适应性效率。他对适应性效率的理解如下：只要制度结构能够灵活地适应环境的不确定性，经济就能够长期增长。因此，他将适应性效率重新定义为："一个社会，由于其制度结构在应对不确定性的过程中通过不断引导变化着的个体行动模式而促进知识的充分、正确、协调运用及更新，从而呈现长期增长的趋势。"④

---

① Douglass C. North. Economic Performance through Time [J]. The American Economic Review, 1994, 84(3): 359-368.
② 周冰. 市场经济为什么优于计划经济 [J]. 天津社会科学, 1994(1): 20-24.
③ Douglass C. North. Understanding the Process of Economic Change [J]. The Road to Economic Freedom, 2006（2）: 278-293.
④ 巫威威. "适应性效率"理论的研究与创新 [D]. 吉林: 吉林大学, 2008.

## （二）适应性的概念

从上述有关适应性效率的描述中，我们可以得到"不确定性（变化）、应对、变化（变迁）"三个共性的关键词，即适应性是以变化应对变化（不确定性）的能力。因此，从这个意义上讲，适应性是创新的必然之义。

## （三）适应性创新的定义

基于适应性概念，我们认为适应性创新强调创新的相机性、持续动态性和自发性。

### 1. 创新的相机性

相机性是从创新区域的实际情况出发，根据其发展阶段、社会经济特征、资源环境基础、内外竞争环境、长期战略目标和阶段性战略重点等属性，因地制宜地确定创新目标，选定创新内容及模式，而不是一味追求最先进、最领先，避免机械照搬主义和一蹴而就的投机主义。相机性也不是投机性，而是在长远的战略目标设定、坚定的战略定力基础之上，对阶段性发展路径和模式的适应性调整。2020年7月30日，中共中央政治局会议指出，要"完善宏观调控跨周期设计和调节"。如果说相机性调整是逆周期调整[1]，那么跨周期体现的则是宏观调控的战略前瞻性。

---

[1] 李可愚. 每经专访如是金融研究院院长管清友：构建双循环有三个关键词，统一大市场、启动内需和数字基建 [N/OL]. [2020-08-05]. http://k.sina.com.cn/article_1655444627_62ac149302001jmvv.html?from=local.

## 2. 创新的持续动态性

国家和区域是不同层级的创新系统，同时也都是会持续演化的有机体。不同层级创新系统的相关主体、创新环境，以及创新环境要素之间、创新主体之间、主体与环境之间的互动关系等，也会相应发生变化，各个要素与主体均需要持续、动态地适时调整，才能有效应对外部环境变化。

## 3. 创新的自发性

在适应性创新系统中，创新主体与要素应对内外部竞争环境变化，自我驱动的、内生的以"降低交易成本、激发创新"为主要目标导向的创新，是保障创新系统持续生命力的关键要素。

# 二、适应性创新是铸就中国经济奇迹的重要驱动力

## （一）中国经济发展过程中的适应性创新

中国建国 70 余年的经济发展史，就是一部根据内外部环境变化适时调整、更新的制度创新史。

### 1. 政治体制

詹姆斯·布坎南（James M. Buchanan）指出："国家在维护和执行规则方面起着至关重要的作用，这些规则划定了经济游戏的范围。"诺斯的论述则更加具体："经济运行中的正式规则是由政治体

制来定义和保证实施的，因此政治体制是决定经济绩效的基本因素。"①由此可知，政治体制可谓是经济制度的根本保障。好的政治体制能促进和保障经济的持续健康发展，反之亦然。

在美、苏两大阵营力量的缝隙中，在经历了短暂的一边倒向苏联后，我国坚定地选择了独特的路线。我们既没有完全照搬苏联经验，也没有完全"西化"，而是根据马克思主义普遍原理同中国具体实际相结合的原则，总结长期探索所积累的经验，创新性地提出了"走自己的路，建设有中国特色的社会主义"的科学论断。实践证明，中国特色社会主义既是最符合中国国情的，也是最科学的。在这一科学先进的政治体制保障下，中国经济铸就了举世瞩目的"中国奇迹"，中国的发展模式也成为众多国家学习和推崇的"中国智慧""中国方案"。

随着时间的推移，中国特色社会主义道路必然会注入新的时代内涵。十九大报告指出，当前我国社会主要矛盾已经转化为人民日益增长的美好生活需要和不平衡不充分的发展之间的矛盾。这为我国新时代的发展思路、发展目标、发展路径带来了革命性的影响。

### 2. 创新路线

中国的体制机制创新没有采取苏联式的休克疗法，而是采取了渐进式的、改良式的和"摸着石头过河式"的创新模式。这种模式以最小的成本获得了最大的经济发展成果，维持了社会稳定，使我

---

① 刘智峰. 渐进的改革：中国政治体制改革的经验与反思 [M]. 北京：中央文献出版社，2014.

国成功地从低收入水平国家迈向中上等收入水平国家行列。[1] 未来我们将继续这种改良式创新，实现"两步走"的目标。

### 3. 产业发展路径

根据基本国情，在不同发展阶段、不同社会经济环境中，我国采取了不同的产业发展路径。

建国初期，为了快速构建工业基础，我国提出了"以农业为基础，优先发展能源、原材料和机械工业，重视基础设施建设"，即"重工业优先"的发展战略。[2]

在整合多方力量的背景下，我国的重工业和基础设施建设初具成效。在我国基础生活物资和建设资金严重不足的情况下，以及随着国际形势的变化，亚洲四小龙产业急需二次转移，我国在20世纪80年代初开始大力发展轻工业，直到90年代轻工业产品进入"买方市场"。

2001年，我国加入世界贸易组织，为我国产品、技术进入全球市场打开了大门，我国进一步实施以"出口导向"为主的产业政策，持续保持贸易顺差。出口成为拉动我国经济的三驾马车之一，但普遍廉价的资源要素使得我国众多产业处于全球价值链低端环节。2012年，我国贸易出口额触顶回落，与世界主要国家的贸易逆差加大，贸易摩擦加剧。

尽管我国人口众多、消费市场广阔、资源较为丰富、市场容

---

[1] 马晓河. 创新中国模式 构建"三多"型社会[J]. 中国发展观察，2014(7)：20-22.
[2] 董志凯. 中国工业化60年——路径与建树(1949—2009)[J]. 中国经济史研究，2009(3)：3-13.

量大，但考虑到内外部条件的限制，科技创新对社会与经济发展的贡献力度还是应不断提升。因而，科技与产业发展路径要深度融合。

1978年，全国科技大会提出"科学就是生产力"；1999年，全国技术创新大会提出全面实施科教兴国战略；2006年，全国科技大会提出自主创新、建设创新型国家战略；2012年，党的十八大报告将"创新驱动发展"定为国策。我们可以看出，从改革开放起，我国逐步从贸易大国走向经济强国，再向科技强国转变。

在这条产业演变的主脉络之外，由于各种因素，部分政策有反复和调整，但总体工业化、现代化和高附加值化的思路是确定的、明晰的。国家因势利导，以图最大化利用国内环境和资源，为我国产业发展寻求最大的发展空间。与产业发展路线相匹配的，则是央-地事权和责权的划分以及财政税收、金融、土地政策等体制机制的创新，这些为产业发展营造了良好的生态环境。

### 4. 经济空间政策

我国的经济空间政策也根据阶段性特征和需求，经历了不同维度的变化。

在区域层面，经济空间政策经历了"不平衡发展战略—平衡发展战略"的战略转变。谢里等人将中国的区域发展战略划分为三个阶段：[1]

---

[1] 谢里，吴诗丽，樊君欢. 中国区域发展战略演变与驱动因素研究 [J]. 人文地理，2015，30(02)：103-109.

第一个阶段是从"一五"时期至"五五"时期，区域发展重点向内陆地区倾斜，这是基于国家对当时地缘政治关系的判断，以备战备荒为主。因此，这一阶段的建设主要集中在"大、小三线"。

第二个阶段是从"六五"时期至"八五"时期末，我国实行改革开放，产业以出口导向、进口替代为主，实行的是向沿海地区倾斜的区域优先发展战略。

第三个阶段是从"九五"时期至今，为减小区域发展差距，国家发展战略开始对内陆地区进行倾斜，在继续发展沿海地区的同时，通过西部大开发、东北振兴、中部崛起等专项行动计划和国家转移支付政策，助力内陆地区发展。

早期战略以效率为优先，符合我国基础差、底子薄、地域空间大、区域发展不均衡的基本国情；后期战略兼顾公平，以政策和转移支付等手段促进后发地区发展，符合我国经济社会发展的客观实际和邓小平同志"两个大局"的战略思想。

从城市体系来看，经济空间政策经历了"重点发展小城镇—重点发展大城市—注重大都市圈"的阶段。李圣军将之划分为三个阶段：第一个阶段是1949—2000年，限制大城市、鼓励小城镇；第二个阶段为2000—2007年，以大城市为主，大中小协调发展；第三个阶段为2007年至今，以城市群发展为主。[1] 早期因为要利用农村剩余，所以小城镇优先发展；中期基本积累完成，追求城市规模经济和范围经济，注重大城市发展；现阶段空间扩

---

[1] 李圣军. 中国城镇体系演变历程与新型发展模式[J]. 石家庄经济学院学报，2015, 38(06): 38-44.

展已完成,需要进行全域范围内空间资源利用的优化,因此转为都市圈发展导向。

总体而言,我们认为这些变化都是相对符合我国阶段性发展需要的。同时,我们也应注意到,经济空间政策体系的演变,与我国产业政策演变、不同产业对经济空间的选择、不同时期不同区域比较优势的变迁是相吻合的,即不同政策要素是相互契合的。

### 5. 实施机制

整体实施机制充分体现了适应性创新的特点。

从空间维度来看,所有的制度创新都是按照"试点验证、(成功后)复制推广"进行的,这可以减小试错成本;同时,在实施过程中,由于中央-地方分权制的制度现实,地方有动力和能力在实际实施中充分掌握进度并利用一定程度的自由量裁权,从而更有效地提高制度创新的地域适应性。

从时间维度来看,中国的"中长期规划+年度实施计划"及各种全过程评价体系,既保证了战略方向的正确性,也保证了纠错机制的适时性,能及时止损。

## (二)适应性创新是应对复杂不确定性环境的最佳法宝

### 1. 历经 70 年复杂不确定性检验的适应性创新

我国独特的社会经济背景决定了发展过程的复杂性和不确

定性。

首先，我国是大国经济。巨大的人口基数和密度决定了我国对世界秩序的巨大影响力，因此世界各国在与我国的经济外交中会掺杂更多更复杂的决策要素。

其次，我国复杂的地质地貌条件决定了社会经济发展的本底基础严重失衡。数据表明，历经70多年的发展，我国的区域经济发展仍然未能完全突破"胡焕庸线"划分出来的生态格局。

再次，几乎零基础的赶超政策本身意味着我国要在短短几十年内历经从以农业为主的"传统经济"向以工业为核心的"现代经济"、从"计划经济"向"市场经济"转型的双重冲击。

最后，同样重要的是，我国内部变化还伴随着国际环境的巨变，历经东亚转型、东欧剧变、全球潮流等交相冲击。

在如此剧变的国内外环境中，我国必须通过适应性创新进行各种试探性松绑、试点验证、适应性调整，最后逐渐制度化，从而避免颠覆性制度断裂带来的社会动荡。

### 2. 未来复杂不确定性加剧更需要适应性创新

经过70余年的发展，我国社会经济发展取得了巨大成就，但也累积了不少社会经济矛盾，国际政治经济关系也变得更为复杂。未来，我国更需要适应性创新。

**（1）如何构建新的持续发展动能**

我国经济以往是靠"出口、固定资产投资和消费"三驾马车拉动的。目前，外贸已触顶回落，且伴随着世界各国整体经济下行、民粹主义抬头、对我国巨额贸易顺差的不满累积等情况，我们可以想象，出口萎缩将是长期现象；而经过70多年投资拉动，我国固定资产投资的边际效益开始衰退，投资拉动的旧模式已不可持续；对收益预期的担忧，也影响了消费者意愿（虽然近两年消费占GDP的比重上升，但我们应意识到这是在前两者增幅下降的情况下实现的）。所以，新的经济动能是什么？我国必须尽快构建新的发展动能，否则在经济发展中长期被忽略的问题将凸显出来，在"三期叠加"的特殊时期制造不可预见的矛盾和冲突。

**（2）如何缓解日益加剧的不平等分化**

经过70余年发展，我国社会经济水平整体上得到极大提高，但区际、人际、城乡二元割裂现象却变得更为严重。东、中、西三个区域省域GDP之和的占比从改革开放初期的50∶29∶21变为56.3∶24.2∶19.5。① 可见，中、西部的GDP比重在下降。此外，基尼系数指向的人际差距、城乡居民可支配收入和拥有的资产额度等多项数据表明，人际、城乡差距也在加大。

世界经验表明，一个不平等且分化过于严峻的国家是不可持续发展的，很容易陷入拉美国家的"中等收入陷阱"。

**（3）如何应对新的国际政治经济秩序**

我国的崛起，既为世界经济做出了卓越贡献，也极大地分享了全球化红利。经过长期积累，我国不仅经济体量大，而且在局部领

---

① 蔡之兵.改革开放以来中国区域发展战略演变的十个特征[J].区域经济评论，2018(4)：26-38.

域开始进入价值链上端，与欧、美、日、韩等发达经济体在更狭窄的领域争夺话语权。美国等经济体不再仅将我国视为经济上的战略合作伙伴，也可能会逐渐视我国为战略遏制对手。

面对如此复杂的环境，我国急需在社会、经济、体制机制、对外关系等各个领域全面创新优化，以应对更严峻的挑战。

# 第二章
# 产业园适应性创新

什么是产业园适应性创新？它有何特征？它与常规的区域创新系统有何不同？这些是本书需要确立的定义，也是本书后续内容的基础和理论支持。因此，本章将重点讨论产业园适应性创新的定义、特征，以及其与常规区域创新系统的异同等。

## 一、唯一的确定就是不确定

正如第一章所述，我国未来发展面临的国内外挑战将更加严峻，内外部环境也将更为复杂。产业园作为我国政府集中优势资源进行经济和产业发展的优势地区，面临的环境也必然更加复杂。

在过往的国际经济版图中，我国定位明确，即利用市场优势、资源优势和劳动力优势，在全球化的纵向价值链分工中以综合成本制胜，局部进入高附加值环节。但随着综合成本的提高，我国传统比较优势丧失，大量企业开始进行全球第四次转移，即从我国转移至越南、印尼等东南亚国家。这样，我国在中低端领域经受着与东南亚国家、其他金砖国家（比如印度）或其他新兴经济体的竞争，面临着产业空心化的压力；在高端领域则面临着创新能力不足、被美国等国家战略遏制的风险。竞争边界越来越模糊，竞争压力越来越大。

### 1. 变化越来越频繁，周期越来越短

全球化产能过剩，导致各个国家都在提高创新能力，以寻求新的增长动能。因此，创新投入越来越高，创新周期越来越长，企业生命周期却越来越短。通过研究标准普尔 500 指数（记录美国 500 家上市公司股票的指数，是金融界、投资界公认的权威指数）的历史演变，麦肯锡咨询公司资深合伙人理查德·N. 福斯特（Richard N. Foster）发现，各公司跌出这一榜单的速度正在加快。1958 年，各公司停留在榜上的平均时限为 61 年，目前的平均时限为 18 年。[①]

### 2. 影响因素越来越复杂

如第一章所述，由于多种因素影响，未来产业园发展面临的挑战将不再仅仅是经济层面的影响，还包括来自政治、文化、科技等多方位的竞争与遏制，有形和无形的壁垒都将加剧。

---

① 石泽杰，无边界竞争：企业如何应对失控的未来 [M]. 北京：机械工业出版社，2015.

综上所述，未来产业园的竞争环境将越来越复杂，发展的不确定性将越来越大。我们现在唯一可以确定的趋势就是不确定。

## 二、适应性创新是制胜之道

硅谷的成功引起了世界各地的学习热潮，世界各地都在按照硅谷的经验构建本地"硅谷"。但是，"产（企业）—学—研—金—中"的完备复制却没有在世界范围内制造出第二个可与硅谷比肩的新"硅谷"，即使是学术创新能力、体制机制和文化意识都与硅谷极其接近的西欧也没有成功。

我们通过分析国内相对成功的产业园发现，它们的成功经验中唯一可复制的共同点就是适应不同，即正视各地的实际情况，因地制宜地进行制度创新和设计，才是产业园获得成功的关键。

中关村生命科学园的成功，得益于充分认识了北京智力资源最密集、创新能力最强劲的地域优势，以及独特的首都地位带来的示范效应、人才和尖端资源吸附效应等，坚定"自主原始创新"的战略定位，紧抓国际机遇，适应性调整园区运营思路，最终实现成功运营。

上海张江科技园的成功，得益于充分认识了上海国际开放的地位，以及江浙等地成熟的配套生产能力、充裕的民间资金等优势，采取"内外并举＋龙头引领"的发展模式，积极引进国际大型生物医药企业，以此为龙头吸附上下游关联企业，形成产业集聚，并积极引进国内外高端科研资源，提升园区产业竞争力。

东莞松山湖科技产业园的成功，则得益于始终紧抓粤港澳大湾区区域一体化的机遇，错位竞争，最终实现高端占位。

可见，产业园面对的社会经济背景不同，其发展模式和路径也将不同。只有充分把握本地战略优势，在资源、资金、发展路径和模式等方面进行适应性调整，产业园才能更好地适应竞争环境，取得成功。

## 三、"两线六环节多主体"是产业园创新决策的关键

影响产业园适应性创新的关键因素是什么？我们应基于成功产业园的运营机理来回答这一问题。

关于成功产业园的评判标准有很多，大多都包含经济产出能力、税收贡献能力、创新能力、产业结构优化程度、参与国际竞争的能力等多个维度。但我们认为，这些评判都是静态的事后评判，难以对产业园的成功运营进行机理性解读，指导产业园运营的效果甚微。

结合多年运营产业园的经验，我们认为产业园是一个复杂的巨系统，任何环节的疏忽都会对园区发展产生重大影响。总体而言，"两线六环节多主体"是产业园创新决策的关键，能否在这些环节上准确预判形势、采取创新动作，是产业园能否取得成功的关键。

1. 两线

产业园的成功运营包含两条主线，两者缺一不可：一条是产业载体空间建设线；一条是以企业为主体的产业育成线。任意一条线的断裂，都会影响产业园的可持续发展。

考虑到资金平衡的问题，多数产业园以滚动式开发为主，因此上述两条主线在时空上通常是交织在一起的，没有清晰的时间节点。我们的划分标准主要基于当期面对的主要矛盾和采取的关键动作等。

2. 六环节

（1）载体空间建设

载体空间建设包括征地拆迁、规划建设、招商销售三个环节。看似简单的、模式化的工作，却要经历"资金可持续、社会可接受、经济可行、工程可行"四个维度的大考。

征地拆迁是现代城市建设中最大的不确定性因素和成本构成之一。不同的征地拆迁模式、标准将极大地影响园区整体建设成本，从而影响整体现金流。中关村生命科学园采取的是贷款投入开发—卖地回收资金的办法，早期资金压力大，为缓解资金压力不得已把二期土地前置到一期开发；张江科技园则创新性地采取"资金实转、土地空转"的模式规避了早期土地征拆、一级开发的巨大资金压力。征地拆迁的进展会对园区开发节奏、顺序、周期等造成影响；同时，拆赔模式将极大影响原住民对项目的接受度，从而影响园区的可持续发展。因为征地拆迁导致项目搁置或推迟的例子比比皆是，因此在现代产业园建设中，征地拆迁已从讨论拆赔比例、单平米补偿标准等简单的"拆-赔"模式发展为共享发展红利、股权式共同发展等多元化合作模式。

规划建设的专业性也是影响产业园成功与否的关键因素。一方面，专业性是基于对目标企业的深度认识，形成对企业空间需求的专业性响应，比如中关村生命科学园发展有限责任公司（以下简称"生命园公司"）对生命科学企业在载荷、层高、实验室、公共平台和设施建设、废弃物处置、环保、GMP（生产质量管理规范）或GLP（药物非临床研究质量管理规范）等方面的特殊生产空间需求的响应成为中关村生命科学园早期招商的利器。另一方面，专业性体现在资源整合、流程管控等方面的能力上。1999年，中央政府力推在张江科技园发展半导体的一个重要原因是：由无锡、苏州等主导建设的907/908半导体园区，由于政府行政效率低下，项目从立项到审批历时8年多（按照半导体技术演化的摩尔定律，至少已过了5代），因此项目建成之时即已落伍。另外，规划建设还需满足环保、生态、经济和政治等方面的多项要求。

招商销售比例既影响当期现金流，也影响产业园后续的运营模式和效率。前期销售比例过高，会影响后续整体运营效果，早期建设的产业园目前大多面临这一问题，比如张江科技园、中关村生命科学园都面临着发展空间不足的问题。前期销售比例较低，沉淀成本就会较高，企业资金压力较大，企业发展也会受到一定限制。

可见，这个链条相互影响、网状互动，不是单一的线性流程，我们应统筹考虑，实现资金、土地、发展空间、进程管理等的全面协调，从而保障产业园顺利开发运营。

**（2）产业育成**

成功的产业育成包括科学的产业定位、策略化或系统化招商、有效运营三个环节。

科学的产业定位，必须充分考虑到本地产业基础和地域因子（任何会对产业发展造成影响的物质或非物质因子，比如知识经济时代的人才、学校、科研院所等智识因子，新材料产业、大健康产业面临的极端天气等，区域一体化发展下城市的区位因子等）、国内外产业大趋势（比如颠覆性的科技创新、模式创新，产业大转移的浪潮，国家发展阶段和产业发展导向，等等）、行业特性（行业发展阶段、景气周期、行业区位选址关键要素）、引擎企业（通常为行业龙头企业或行业内上下游关联度较高的企业）战略布局等重要影响要素。通常，具有能较好地协调本地资源禀赋和国内外产业大趋势的产业定位的产业园，能实现较好的发展。这就很好地解释了在全国各地产业定位都务求高精尖的情况下，各地产业园发展为什么仍良莠不齐。昆山作为一个县级市，却能精准聚焦小核酸医药这一硬核产业，除了昆山政府聚焦发展、策略化招商和营商的战略定力外，其临近上海、可接受上海高端科研人才和企业的近距离辐射也是这一看起来不可能实现的定位取得成功的底层商业逻辑。另外，深圳在与合肥竞夺京东方之战中之所以败北，除了给予企业的条件差异外，长三角区域在显示器领域的产业基础也是重要原因。

我国整体进入后工业时代，传统制造业开始外迁及萎缩，对有限高端产业资源的争夺进入白热化阶段，传统招商难以奏效。因此，基于企业全面发展的系统化产业生态环境构建，即策略化、系统化招商，才是招商正道。一是针对企业发展核心痛点的精准化产业政策（包含土地、金融、财税、人力、专项产业政策，以及针对不同发展阶段的企业扶持政策）设计。比如，广州的"黄金十条"精准考虑了科技企业高管收入较多、对企业控制权的重视等特征，因此一经推出，新注册企业数激增。二是大型共性关键平台的建设或资源通道的建设，旨在解决企业个体投资压力大或无力投资的问题。比如，常州动漫产业的兴起在很大程度上就受益于此。三是基于企业员工全面发展的人性化设施（包括优质的医疗、教育、可支付的住房以及其他稀缺资源的优先配置等），均可成为招商引资的利器，比如近几年新1.5线城市的崛起等。

除了基础的物业服务支持外，运营能力强的园区运营主体还会为企业提供其他额外的增值服务，包括企业开办时的政务服务，通过各种活动提高政府产业政策的送达度，辅导企业更好地利用政府支持政策，帮助企业进行品牌营销和市场推广，等等。同时，各级各类政府为了达成特定的发展目标，主动进行制度创新，激发、优化学校、研究机构、企业等的创新创业意识，并调动各类中介服务机构的积极性，让园区各主体充分发挥自主意识，积极应对外部环境变化，寻求最优发展方向，从而实现产业园的可持续发展。

### 3. 多主体

从上述分析可知，产业园的可持续发展是一个周期长、主体复杂、利益诉求多元的系统工程。

产业园的适应性创新要求园区各主体根据园区发展的阶段性主要矛盾，响应内外部环境变化，积极主动进行自调整、自适应，在主体优化的同时寻求园区整体的协同优化，从而推动园区持续优化发展。

## 四、产业园适应性创新系统"六元论"

关于产业园创新系统的关键主体，说法有很多。从最初的"官—产—学（研）"三螺旋理论[1]到"官—产—学—金—中"（其中，"中"指财务、税务、技术转化等专业服务机构）或"官—产—学—金—孵"五元驱动（互动）理论[2]，以及其他产业园创新系统研究，都忽略了产业园运营者这个角色。

这是因为在我国的主流产业园中，产业园运营者通常扮演着政府和企业的双重角色，所以研究者多将之视为政府的代言人，用制度环境或政策研究代替了对产业园运营者的研究，从而忽视了如下两个问题。

---

[1] 孟卫东，佟林杰. 我国三螺旋创新理论研究综述 [J]. 燕山大学学报：哲学社会科学版，2013，14(4)：126-130.
[2] 段存广，李建昌. 科学园区发展的理论研究综述 [J]. 重庆邮电大学学报：社会科学版，2010，22(1)：110-117.

第一,产业园运营者即使是管委会体制或政府的派出机构,也只是制度和政策的末端,是政策的执行者和实施者。如果既有政策和制度不符合园区发展的需要,那么产业园运营者也有对上寻求创新的动力和意愿。

第二,作为企业主体的产业园运营者会追求园区运营效率,推动园区积极且主动地寻求创新,从而为园区企业创造更好的产业生态环境,在推动企业发展的同时寻求园区经营利益的最大化。

事实证明,现代企业的竞争,在很大程度上已成为区域创新系统的竞争。因此,产业园已成为创新竞争的重要单元。产业园运营者的主动性越强,其优化创新环境、推动园区其他创新主体形成紧密互动关系和产业集聚效应的意愿也就越强,从而越有利于园区企业的发展。

因此,我们提出了产业园创新系统的新理论,即"官—产—学—金—中—运"六元互动系统。这六大关键主体的适应性创新将促进产业园的持续优化发展。

在后续章节中,我们会精选所处城市能级不同、面临的国内外竞争环境和态势不同、产业基础不同、发展路径和模式不同,但都代表着我国较高发展水平的产业园作为案例,以国际公认的创新标杆、世界一流园区蓝图硅谷为参照,利用情景还原法,回溯在园区不同发展阶段、不同主体面对不同发展背景下的主要矛盾所采取的应对措施,阐释不同产业园的适应性创新,进而通过深度机理剖析,从不同中寻找相同,系统性地总结园区制胜之道。

# 02 第二部分
## 中关村生命科学园实践

# 第三章
# 中关村生命科学园发展背景

中关村生命科学园是中关村国家自主创新示范区的重要组成部分,是以生命科学研究、生物技术和生物医药相关领域研发创新为主的高科技专业园区。作为我国生命科学领域的原始创新策源地和自主创新主阵地,中关村生命科学园从成立之初即肩负着战略布局生命科学领域、提升国家核心竞争力、应对全球战略竞合关系的特殊战略使命。

独特的战略使命,决定了其出生伊始即需在世界舞台上角逐,它走过的路或将是其他产业园未来将直面的现实。因此,深度解剖中关村生命科学园的发展背景、发展历程,还原园区创新系统各个主体在不同阶段的创新之道,并对其实施效果进行评价,对中国产业园的未来发展有着重要的借鉴意义。

## 一、生命科学产业——新一代大国战略竞备

正因为自身的特殊性,生命科学产业被各国视为决定未来终极国家竞争力的战略产业。各国对生命科学产业的部署,已经远超经济层面的考量。

第一,生物科技作为第四次产业革命的主要领域,产业关联度高、交叉融合能力强,已渗透到现有产业体系的各个方面。经济合作与发展组织(OECD)报告称,到2030年,将有35%的化学品和其他工业产品来自工业生物技术,白色生物技术、绿色生物技术和红色生物技术对全球经济和环境的贡献率将分别达到39%、35%和25%。[1]生物技术与医药、农业、化工、材料、能源等多学科交叉汇聚,在推动经济社会发展方面发挥了越来越重要的引领作用,为人类解决环境污染、气候变化、粮食安全、能源危机等重大挑战提供了创新解决方案。[2]

第二,以合成生物技术、基因编辑技术等为代表的新兴技术与人类生命体本身息息相关,甚至关乎人类终极命运。正是在这个意义上,各国将生命科学产业视为赢得未来终极竞备的战略产业。正如2018年4月经济合作与发展组织发布的《面向可持续生物经济的政策挑战》研究报告指出,世界各国对生物经济的关注已从最初

---

[1] OECD. The Bioeconomy to 2030: Designing a policy agenda [R/OL]. [2020-07-15]. http://www.oecd.org/futures/long-termtechnologicalsocietalchallenges/thebioeconomyto2030designingapolicyagenda.htm.

[2] 丁陈君,陈方,郑颖,等. 生物科技领域国际发展趋势与启示建议[J]. 世界科技研究与发展, 2019, 41(1): 53-62.

的利益层面发展到纳入政策主流的重视。

加速抢占生物技术的制高点，争取新一轮国际竞争的主动权，加快推动生物技术产业革命性发展的步伐，已经成为世界各国，特别是大国社会经济发展战略的重点。[①]

### 1. 美国

美国是生物医药产业的发源地。1973 年，赫伯特·博耶（Herbert Boyer）和斯坦雷·科恩（Stanley Cohen）对于重组脱氧核糖核酸研究的突破性进展开启了生物技术的革命。随后在风险投资的支持下，基因泰克公司建立，标志着生物医药产业作为一项新兴产业开始崛起，从而掀起了美国生物医药产业的发展浪潮。至今，生物医药产业已成为美国规模最大、发展最快的产业之一，同时也处于世界领先地位。

面对世界各国对生物医药领域的加快布局，美国为保持其领先地位，不断提升生物医药产业的战略地位。2002 年，美国能源部启动了"21 世纪系统生物学的技术平台"，为开展生物能源、生物整治等研究的实验室提供共用的技术平台，从而促进工业生物技术产业的发展。2012 年，美国出台《国家生物经济蓝图》，明确将"支持研究以奠定 21 世纪生物经济基础"作为科技预算的优先重点。2018 年，美国国立卫生研究院（NIH）发布《体细胞基因组编辑》，促进基因编辑技术应用于人类疾病治疗，并启动"All of Us"

---

① 吴楠. 生物产业竞争力与中国的战略对策研究 [D]. 武汉：华中农业大学，2008.

（我们所有人）项目，计划在未来10年开展100万人基因组测序，通过大规模基因组测序推动精准医疗走向现实应用。

在专业园区方面，美国拥有世界生物医药产业创新活动最为活跃和产业化程度最发达的集聚区，在波士顿、旧金山、新泽西州、圣迭戈、华盛顿、西雅图等地形成了世界著名的生物医药产业集聚区。

此外，美国对生物技术研发及产业化的投入不断增加：美国总统府和国会均设有专门的生物技术委员会，从多个应用领域来资助生物科学的基础研究和生物技术的创新研发；通过设立政府专项基金，资助科研项目研究；鼓励风险投资基金组织向企业提供金融服务；采取财政激励、贷款保障、低息还款、多渠道风险投资等措施为生物医药企业成长提供支持。

2. 欧洲

欧洲各国为缩小与美国的差距，争取生物医药产业发展空间，在政策支持、资金投入、投资环境、风险基金等方面付出了巨大努力。

（1）英国

为保障其生物科学研究领域在全球竞争中的地位，以及应对未来社会将面临的科技前沿的各种挑战，英国生物技术与生物科学研究理事会（BBSRC）于2010年发布《生物科学时代：2010—2015战略计划》，明确了英国未来发展生物技术的5年规划，将食品安全、生物能源与工业生物技术、医疗卫生基础生物科学作为三个优先发展领域。2011年，时任英国首相的卡梅伦提出要依托英国已有的科研单位打造一个世界闻名的生物医药研发中心。2012年，英国生物技术与生物科学研究理事会投入2.5亿英镑启动生物科学投资计划，资助英国8家研究所及其合作大学的科研项目，包括26个战略科学项目和14个关键国家研究项目。2017年，英国商业能源和工业战略部（BEIS）投入3.19亿英镑用于支持未来5年英国的生物科学研究。

除了加大对生物医药领域的投资外，英国还致力于通过改进新药审批流程等促进生物医药研究的产业化。目前，英国政府正在制定创新药物审核方法，以缩短创新药物从临床研究到市场化的周期。

（2）德国

德国在2013年出台《生物经济战略》，提出通过大力发展生物经济，实现经济社会转型，增加就业机会，提高德国在经济和科研领域的全球竞争力。2018年，德国政府发布《高技术战略2025》，以"为人研究和创新"为主题，明确了德国未来7年研究和创新政策的跨部门任务、标志性目标和重点领域，提出12项具体任务以及相应的行动计划和标志性里程碑。在生物医药方面，德国提出与癌症抗争（国家10年抗癌计划）、发展智能医学、将研究与护理数字化互联（到2025年，所有德国大学附属医院都将提供能用于研究的电子病历）等具体发展计划。

（3）俄罗斯

俄罗斯在2012年发布《俄罗斯联邦至2020年生物技术发展综

合计划》，提出在 2020 年以前投入 1.18 万亿卢布（约合 350 亿美元）优先发展生物制药和生物医学、工业生物技术等计划，并提出到 2020 年将俄罗斯生物技术产品产值提高至占国家 GDP1% 的目标。2018 年 2 月，俄罗斯政府出台《2018—2020 年生物技术和基因工程发展措施计划》，旨在促进生物医药、工农业生物技术、生物能源和基因工程等 9 个领域的生物技术基础研究和产业发展。

### 3. 亚洲各国

日本、韩国、新加坡、印度等亚洲国家也加紧在生物医药领域布局。

（1）日本

日本在 1999 年便将"生物产业立国"作为国家战略，把扶持振兴生物产业和完善相关研究体制作为国家重点科技战略之一。此后，日本于 2002 年和 2008 年相继出台《生物技术战略大纲》和《促进生物技术创新根本性强化措施》，确定个性化治疗、再生医疗及基因治疗、新药研发的后基因组研究等重点领域的具体目标及课题；加大政府对生物技术领域研究的政策倾斜，并提出 2007 年日本生物技术领域的研究费是 2002 年的 2 倍，将达 8 800 亿日元（约合 73.3 亿美元）；将新药的审核周期由现在的 5～7 年缩短到 2～4 年。[①]2019 年，日本继续出台国家生物技术发展新战略——《生物战略 2019》，提出"创造生物经济"的目标，将"医疗与非

---

① 王永宁. 日本生物技术研究开发推进战略[J]. 全球科技经济瞭望, 2003(3): 7-9.

医疗领域"整合在一起进行通盘考虑,重点发展生物药物以及高性能生物材料、生物塑料、生物制造系统等9个领域,并在2030年前进行重点资助。

(2)韩国

韩国从1994年开始将生物技术列入国家重点工程,目标是使韩国生物技术产业达到发达国家水平。为此,韩国出台为期14年的生物工程发展计划,又称"生物工程2000计划"。该计划自1994年起至2007年,分三个阶段大力发展国家生物工程的产品技术、基础科学研究项目,建立起生物工程产业,使之成为韩国重要的出口支柱产业。[①]2000年4月,韩国宣布把2000年确定为"生物产业培养元年",决定由8个政府部门共同推进有关生物技术的研究开发项目,并对基因研究项目增加17%的投资。2001年,韩国正式宣布生物技术为国家优先扶植的六大技术之一,重点支持基因组学、蛋白质组学和生物信息学等领域的研究,大力发展生物技术风险企业。自2000年以来,韩国在药品的监管和质量管理体系构建方面不断努力:韩国国家食品药品安全部(MFDS)于2014年5月加入国际药品认证合作组织(PIC/S),这是韩国药品生产企业质量和管理能力的国际证明。此外,2016年11月,韩国成功加入人用药物注册技术要求国际协调会(ICH),这为韩国赢得了较高国际地位,为其在全球市场的发展创造了有利环境,同时也证明韩国药品监管体系水平与包括美国在内的发达国家相当,其成

---

① 佟联. 韩国积极实施生物工程2000计划[J]. 全球科技经济瞭望,1994(9):16.

为拥有领先的药品监管政策的国家之一。

韩国一直在加大新药开发投资的力度。统计资料显示，2016年，韩国药品生产企业的研发支出平均占销售收入的6.0%，上市药品生产企业的研发支出占销售收入的8.9%。其中，创新型制药公司的研发占比为11.7%，远远超过了制造业的3.7%。2016年，韩国制药企业的研发预算为11.56亿美元，5年（2011—2016年）的年均增长率为6.7%。[1]

（3）新加坡

新加坡被认为是亚洲生命科学研究热潮中决心最大的国家，全力推动"生物经济"发展。早在1996年，新加坡便成立了生物信息中心，3年后形成了在亚洲屈指可数的研究体系。受人类基因排序与图谱发现的激励，新加坡政府坚定决心要建立自己的生物医药产业。在21世纪工业发展远景规划中，新加坡政府把生物医学科学产业列为推动新加坡经济发展的新引擎和制造业的第四大支柱。[2]

新加坡采取多项发展举措推动生物医药产业的发展。首先，在2000年成立了专门的领导机构——生命科学部长委员会，由副总理亲自挂帅，与国家科技局、贸工部、卫生部等机构一起，加强对生物医药领域的领导、服务和支援。其次，设立创业风险基金，加大资金投入力度，吸引国际大公司投资生物医药产业。此外，2001

---

[1] Zhulikou431. 韩国生物制药行业快速崛起 一览异域制药工业 [EB/OL]. （2019-08-02）[2020-04-20]. https://med.sina.com/article_detail_103_2_69468.html.
[2] 刘才涌. 新加坡合力打造产业新支柱——生物医药业 [J]. 亚非纵横, 2003(3): 16-19.

年,新加坡开始建设"纬壹科学园",计划用 5 年时间跻身生物技术顶尖行列。同时,它还出台"生命科学人才开发工程",目的是培养一批优秀的生物技术研究人才。

(4)印度

印度作为全球第三大药品生产国,高度重视生物技术产业的发展,其仿制药业具有全球影响力。印度早就开始关注生物医药产业,在 20 世纪 50 年代就将生物医药产业定为核心产业予以扶持。[1]印度在 1982 年成立了生物技术局,以推动现代生物学和生物技术的发展;1998 年制定《2020 年科技远景发展规划》,对生物医学、药学做了具体规划,提出要在 2020 年实现生物技术大国的目标。[2]2002 年,印度创造性地把本国高度发达的信息技术运用于生物技术产业,并出台了《国家生物信息技术政策》,支持生物信息技术的发展。2005 年 3 月,印度政府出台了《国家生物技术发展战略》草案,制定了 2005—2015 年印度生物技术产业的发展目标,强调生物技术产业享受优惠的税收减免政策、优惠的金融政策以及优惠的贸易政策。[3] 2007 年,印度政府正式出台《国家生物技术发展战略》,加大了对生物技术企业的扶持力度。[4]

---

[1] 邓常春. 印度对生物技术产业的扶持及其成效[J]. 南亚研究季刊, 2006(2): 19-22+34+124.
[2] 贺正楚, 刘亚茹. 印度生物医药产业政策分析及启示[J]. 世界地理研究, 2019, 28(3): 135-145.
[3] 吴峰. 印度生物技术园发展政策与模式[J]. 全球科技经济瞭望, 2006, 22(11): 57-60.
[4] 徐庭琴. 印度生物医药产业的发展经验及对中国的启示[J]. 时代金融, 2018(23): 39+43.

## 二、中国生命科学产业——实力悬殊的必胜之战

面对世界各国在生物医药领域持续的开疆拓土，我国也将生物医药产业的发展提升至国家战略高度，从政策支持、资金投入、专业园区建设、管理服务体系构建等方面大力支持其发展，期望赢得未来世纪的战略胜利。

但是，相对发达国家来说，我国生命科学产业起步较晚，发展较慢，与国际生命科学产业的发展实力相对悬殊。

2019年6月，金融界上市公司研究院发布的分析报告——《数说高质量Ⅱ：中资上市公司在战略新兴产业中的比较研究》显示，从生物医药产业的发展来看，欧美起步较早，自19世纪初开始萌芽，到20世纪60年代创新药的发展，大型药物集团开始出现；2000年，新技术和新药物不断涌现，生物医药行业进入规模化发展期。

我国的生物医药产业发展起步较晚。1978年现代生物产业萌芽，随后在以推动科学研究成果产业化为宗旨的科技体制改革的推动下，1988年国家高新技术产业化发展计划——火炬计划开始实施；1993年，"863"项目的重大科技成果干扰素a-1b获准生产，标志着我国生物医药产业的诞生。加之新药审批、药品价格管理、税收政策、知识产权保护、以大学和科研机构为主但缺乏激励的创新体系等多种因素影响，我国生物医药产业发展较为缓慢。业界专家分析，我国生物医药产业与国际前沿水平具有代际差距。

但是，生命科学产业的特殊性决定了其特殊的战略意义，也决定了决策层对其高期望、不容失败的战略决心。因此，中关村生命科学园从成立之初即肩负着特殊的历史使命和战略重任。

## 三、中关村生命科学园——"产业、制度、路径"三探索

中关村生命科学园是我国生命科学领域首个以自主创新为导向、以生命科学产业研究为主业的专业性园区，是首批国家级生命科学产业高新技术产业基地之一。它承载着实现我国生命科学领域自主创新、占领世界生命科学领域原创研究和产业发展高地、提升国家整体竞争力、应对新世纪全球竞争的战略使命。

中关村生命科学园于 2000 年启动开发。在此之前，我国高新技术产业园区处于萌芽阶段，即一次创业阶段。[1] 这一阶段，我国改革开放大幕初启，国家工业基础薄弱，高新技术产业基本空白，各地的国家高新区基本上走的都是"先工业"的发展道路，即通过强抓工业企业的聚集快速形成园区形态。因此，这一阶段高新区建设的着眼点是聚集生产要素，建设的主要路径是打造园区开展生产的硬条件（如"七通一平"）和招商引资，建设的主要目标是快速形成产业基础和经济规模，以出口换取经济发展的资金积累及技术

---

[1] 王胜光，朱常海. 中国国家高新区的 30 年建设与新时代发展——纪念国家高新区建设 30 周年[J]. 中国科学院院刊, 2018, 33(7): 693-706.

和设备的引进。

当时,国家对高新区建设提出的政策目标是"示范、引领、辐射、带动"[①]:"示范"是指高新区建设要成为推动科技体制改革的示范,即在高新区的空间范围内促进科技与经济的紧密结合;"引领"是指通过高新区建设引领我国高新技术产业的发展;"辐射"是指高新区优先发展起来的先进技术和知识要辐射其他产业,特别是要助推我国传统产业的改造和低端产业的升级(着眼于当时背景);"带动"是指高新区要带动地方经济的发展,成为地方经济的增长极。但总体而言,这一阶段的高新区建设实际表现为工业园或工业聚集区的建设,其内涵和形态都主要呈现出工业园的特征。

中关村生命科学园的特殊定位,决定了在行业发展、园区发展路径、园区所处的发展制度环境各个维度,它都是没有任何经验可以借鉴的——无论是国家还是地方,对中关村生命科学园的建设都是试验性的、摸索性的,充满了不确定,是在制度容错的边界内通过适应性探索寻求园区发展的空间。

## 四、各级垂范,条块合作——支持与制约

中关村生命科学园自建园伊始,便受到各级领导关怀。其中,最具代表性的北京生命科学研究所(以下简称"北生所"),是由科

---

① 王胜光,杨跃承. 高新区:战略和政策的新命题[J]. 中国高新区, 2009(3): 74-77.

技部、国家发展改革委、教育部、卫生部（现为卫健委）、中国科学院、中国医学科学院、国家自然科学基金委员会等国家部委与北京市人民政府共同组成理事会，对重大事项进行决策，并为日常运营中存在的问题与困难提供支持与服务。北生所不仅肩负着生命科学领域前沿技术原创攻坚的学科重任，而且是我国科技体制改革的试验田。

为保障中关村生命科学园顺利建设运营，北京市人民政府协调各部门力量鼎力支持园区建设。在探索我国生命科学产业自主创新的发展路径上，虽然国家及各级相关部门的总体目标一致，但由于各自的权责、考核体系不同，仍然存在多元诉求的阶段性冲突，比如生命科学产业培育周期长、研究成果产业化周期长、风险大的行业特性，为早期注重 GDP 考核的属地政府带来了极大的压力与挑战。

这种来自条块之间、部门之间、区域之间的联合管理，体现了我国央地一体、整合多部门资源、集中力量办大事的独特体制优势，但也难免会造成多头管理、缺位与越位并存的现象。生命园公司作为庞大体系的末梢组织，在统筹多方资源的同时，还需响应多方要求、协调多方力量，这在某种意义上对园区整体运营发展有一定的影响。

# 第四章
# 中关村生命科学园适应性创新

北京市作为全国科技创新中心，顶级高校、科研机构云集，是我国顶级科研资源密度最高的区域，具备国内生物领域前沿技术诞生的天然土壤。2000年6月，北京市相关领导主持召开中关村生命科学园规划选址与建设有关问题专题工作会，决定开发建设中关村生命科学园。

中关村生命科学园位于海淀区和昌平区交汇处、北京北部研发服务和高技术产业带上，是未来科学城西区的最西端。园区东临京包铁路，西至京新高速，南接北清路，北至玉河南路，规划总用地约249公顷，规划总建筑规模约180万平方米（见图4-1）。园区以生命园中路为界，南侧为生命园一期，北侧为生命园二期，一、二期控制性详细规划于2008年通过北京市规划委批复（见图4-2）。

经过20年的发展，中关村生命科学园已成为生物领域原始创新的策源地、自主创新的主阵地、全国科技创新中心建设的排头兵，是我国生命科学领域高端研发资源聚集度最高、顶尖科研人才

图 4-1　中关村生命科学园区位交通

图 4-2　中关村生命科学园总体规划

资料来源：生命园公司。

最集中、生物医药产业链条最完整的产业园，也是创新创业者和风险投资人的逐梦地。未来，中关村生命科学园将进一步构建全球开放创新系统，打造世界一流的生命科学领域创新高地。

中关村生命科学园独特的战略使命意味着它必须直面世界舞台的竞争，因此园区创新系统的各个主体和要素也必然面临着更为复杂的发展环境。本章将深度回顾中关村生命科学园在发展过程中应对复杂纷繁的内外部环境所采取的演化路径和方法，即它进行适应性创新的方式。

## 一、创新要素聚集——自上而下的规划和资源驱动发展

自 2000 年中关村生命科学园建立至 2007 年土地一级开发基本完成，该阶段为园区的创新要素聚集阶段。这一阶段，园区发展主要为建章建制、自上而下规划引导的开发建设和创新要素聚集。园区发展相对粗放，以土地招商、政策招商为主；发展路径相对模糊；产业政策相对宏观，落地实施性不足；园区各主体和要素聚而不集，互动创新网络尚未形成；园区核心竞争力有待构建。

## （一）发展背景——弱产业基础与弱政策支持，园区低水平运营

自 20 世纪 90 年代起，欧美生物医药产业开始蓬勃发展，亚洲

地区生物医药产业开始萌芽。我国生物医药产业基础较弱，据统计，2000 年我国生物医药工业产值为 1 871 亿元，仅占全国 GDP 的 1.87%。北京生物医药产业发展基础也很薄弱，到 2003 年，生物医药产业的产值仅有 106.2 亿元，占北京市 GDP 的 2% 左右，远低于国际发达经济体的生物医药产业对区域经济的影响力。

但国家和北京市前瞻性地意识到了生命科学对于国家综合竞争力的战略意义，在不同层面的规划、政策中明确了生物医药产业的战略新兴产业定位。1995 年，国务院在《关于加速科技进步的决定》中提出要实施科教兴国战略，在全国引起巨大反响。为落实国家科教兴国战略，北京市政府于 1996 年颁布《北京市工业发展"九五"计划和 2010 年远景目标》，将"生物工程和新医药"列为四个积极扶持的新兴高技术先导行业之一。自此，北京生物医药产业发展开启新篇章。

1998 年年底，北京市提出发展"首都经济"的新思路，努力从管理、政策、投资等方面向高新技术产业倾斜，中关村的再建设成为发展"首都经济"的最佳抓手。1999 年 4 月 24 日，北京市政府与国家科技部将"建设中关村科技园区"的请示报告递到国务院。同年 6 月，北京市政府与国家科技部收到国务院《关于实施科教兴国战略加快建设中关村科技园区的请示》的批复，同意加快建设中关村科技园区。2000 年年初，北京市政府与国家科技部启动北京高科技"248"重大创新工程，明确建立"北京软件产业基地、北京北方微电子基地、北京生物医药基地、北京西三旗新材料基地"。

其中，北京生物医药基地包括"一城、一园、一谷、一带"，即北大生物城、中关村生命科学园、亦庄"药谷"、京西生物医药及医疗装备创新带。中关村生命科学园被寄予厚望，北京市政府与国家科技部希望将其打造为以生命科学产业为主的、世界一流的自主创新和原始研发策源地。

2001年，北京市"十五"计划提出，在发展中关村科技园区的基础上，规划发展以生物医药和医疗装备研究开发为特色的京西生物医药创新带、以生物医药研发和医学科学创新为特色的宣武先农坛医学科学城和以基因研究与应用为特色的顺义基因科技园。

2002年，北京市政府颁布《北京生物工程与医药产业振兴纲要》，把生物工程与医药产业作为发展现代制造业的四大重点产业之一，并决定建设北京生物工程与医药产业基地。同年12月，北京市政府颁布《关于建设北京生物工程与医药产业基地的通知》，决定在大兴工业开发区建设生物医药基地。至此，北京生物医药产业布局逐渐扩大。

2006年2月，国务院颁布《国家中长期科学和技术发展规划纲要（2006—2020年）》，明确将生物技术作为科技发展的五个战略重点之一，国家科技重大专项"重大新药创制"正式启动。自此，国家及北京市对生物医药产业开始给予更多政策支持。

2006年12月，北京市政府颁布《北京市国民经济和社会发展第十一个五年规划发展纲要》，明确指出要发展现代生物产业，推进生物医药产业发展，初步建立化学药、中药、生物医药和医疗器械四大领域协调发展的产业格局，加强生物医药等关键技术开发，完善生命科学园、大兴生物医药基地建设，生物医药产业成为

"十一五"高新技术重点发展的三大产业之一。同年，北京获批成为 22 个国家级生物医药产业基地之一。自此，北京生物医药产业迎来快速增长。

这一阶段，全国园区运营机构均处于起步摸索期，对园区运营、区域创新或产业生态系统的深层运营机制尚无深刻认识，园区运营、服务皆处于初级的"形"的复制阶段，多数园区运营主体缺乏内生的系统运营意识。

## （二）发展关键动作——顶层规划与底层基础建设

中关村生命科学园自 2000 年 11 月 25 日开工建设，历经 7 年时间，主要完成园区组织架构搭建和园区一、二期的开发建设，推动科研机构、企业和服务支撑体系等创新主体及要素的聚集，初步形成研发、中试生产、医疗服务等生物医药产业链条。

### 1. 园区开发建设情况

园区一、二期土地合计 249 公顷。一期占地约 130 公顷，位于生命园中路南侧，共划分为 26 个地块：自持物业地块 6 个［含孵化器大楼（创新大厦地块）、生物技术研发中心地块、青年公寓地块、3 个配套用地地块］；待出售地块 20 个，面向生命科学相关企业和机构、组织出让，由企业自行购地进行二级开发建设。二期占地约 119 公顷，位于生命园中路北侧，共划分为 10 个地块：自持物业地块 2 个（医药科技中心地块、医疗配套地块），待出售地块 8 个（见图 4-3）。

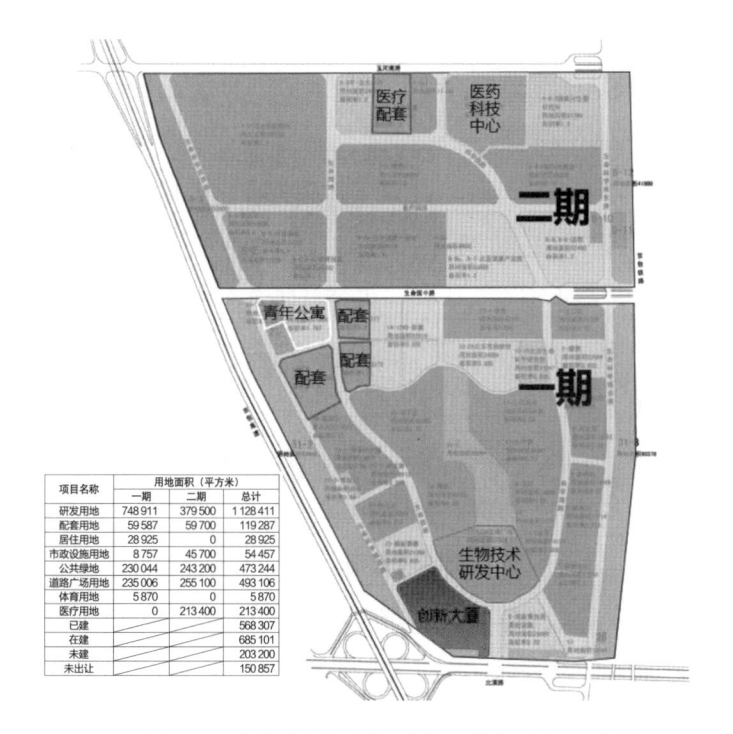

图 4-3　中关村生命科学园土地开发建设情况示意图

资料来源：生命园公司。

本阶段完成了一、二期全部土地的征地拆迁及一期全部地块的一级开发，二期土地的一级开发也基本完成，仅余自持物业的 2 个地块（规划中的医药科技中心和医疗配套区，共计 10.2 公顷）尚未进行一级开发。

一期土地一级开发于 2000 年 11 月 25 日正式启动，至 2003 年年底基本完成，主要进行了生命园中路、U 形路、6 条支路等交通系统建设，生命园东、西两侧绿化隔离带工程、道路绿化和中心区域绿化等环境景观建设，雨水、污水、上水、通气管孔、天然气管线和路灯等附属工程建设。

2001年年底开工建设的北京生物医药孵化大楼（以下简称"孵化器"），集办公、实验、中试、生产、保税仓库五大功能于一体，能满足中小型企业入园需求，总建筑面积为5.05万平方米，于2003年建成并投入使用，2005年年底基本实现满租，进驻企业有80多家。

到2007年年底，一期土地剩余5个自持地块尚未进行地上物业二级开发；已签约12家企业，待出售地块20个。

2005年，北大国际医院市政基础设施开工建设，标志着二期土地一级开发正式启动。至2007年年底，生命园东路及西路的市政基础设施基本完成建设并投入使用。至此，二期土地一级开发基本完成，仅余自持物业的2个地块尚未进行一级开发；待出售地块8个，已签约2家企业。

## 2. 园区创新要素和主体发展情况

### （1）科研机构建设情况

本阶段主要为响应国家和中央科技战略需求，引入为整个产业发展提供基础性支撑的、具有自主原始创新研发能力的科研机构，它们肩负着引领国家生物领域科研创新能力的战略使命。

在国际竞争日趋激烈的背景下，各国在发展生物医药产业过程中的产业技术竞争更多地表现在竞争前技术方面。而产业共性技术作为竞争前技术,不仅能为技术进步构建共性技术基础平台,促进生物医药产业结构升级,而且能带来巨大的、潜在的经济效益与社会效益。[①]因此,园区引入北生所、北京蛋白质组研究中心及生物芯片北京国家工程研究中心(博奥生物)等科研机构,自主探索、创新研发生命科学领域关键共性技术。

其中,北生所定位为生命科学的前沿方向研究基地与高级人才的引进和培养基地,以及生命科学原创性基础研究的基地;北京蛋白质组研究中心定位为保持在国家蛋白质组研究中心领域的前沿研究和领先位置;生物芯片北京国家工程研究中心定位为保持在生物芯片领域的前沿研究和领先位置,形成自主知识产权的核心技术和关键工艺。

(2)园区企业聚集情况

本阶段主要聚集的企业是进驻孵化器的 80 余家小微企业和 14 家大中型地块企业,整体企业结构呈现为哑铃形,属于园区产业发展初级阶段的典型特征。同时,围绕国家重大项目的产业化企业,吸引了技术研发、中试生产、销售流通及医疗服务等产业环节的企业落户园区。

其中,国家"863"计划的产业化企业有两家:奥瑞金种子科技开发有限公司和北京安波特基因工程技术有限公司。技术研发以万泰生物、保诺科技、斯泰康与诺和诺德等企业为主,中试生产以扬子江集团海燕药业和北京博达高科技有限公司等企业为主,

---

[①] 许端阳,徐峰. 产业共性技术的界定及选择方法研究——基于科技计划管理的视角[J]. 中国软科学,2010,25(4):73 - 79.

销售流通主要为扬子江集团海燕药业，医疗服务主要为北大国际医院，从而形成了以生物领域重大项目为主要依托的国家级生物产业创新基地。

**（3）服务支撑体系发展情况**

本阶段园区运营主体的主要工作为一、二期地块和孵化器的招商引资，产业运营和服务尚处于摸索阶段，与企业的互动尚处于自发性的初级服务阶段。园区运营主体只提供简单的资源整合或中介服务、企业行政工商等政务性服务和员工生活服务，搭建了初级的公共服务平台。

孵化器的最主要收入来源仍为租金收入，其提供的产业服务主要依托自建的公共技术服务平台——药物分析检测平台，其他服务则是依托明星企业的技术服务平台为小微企业提供技术支持，为入孵企业提供员工通勤、沟通优惠政策等服务，从而塑造品牌，推动招商顺利进行。金融服务主要表现为帮助需要融资的入园企业进行信息对接的免费中介服务。

在这一阶段，园区运营主体已萌发专业招商意识，在招商运营团队中纳入医药领域专业人士，更为精准地掌握生物医药产业特征、行业诉求，因此在建筑的专有性、服务响应、行业社会资本整合等方面更准确有效。相较于部分同类园区，中关村生命科学园已呈现出较强的产业吸附力和凝聚力。

**（4）政策支撑情况**

如前文所述，在这一阶段，国家和北京市都出台了若干与生物医药相关的产业规划和产业政策，而对我国和北京生物医药产业发展至关重要的两个事件也发生在这一阶段：一是国家科技重大专项"重大新药创制"正式启动；二是北京获批国家级生物医药产业基地。

上述各政策与规划的发布为生物医药产业的发展指明了方向，明确了生物医药产业的战略性支柱产业定位。但这些政策与规划或由于缺乏实施细则或具体支撑性政策设计，对产业发展的实质支撑性较弱；或实施效果显现尚有待时日，在当期影响不大，比如"重大新药创制"专项计划的效果，在"十二五"后期才开始逐渐显现。

## （三）经验与挑战

### 1. 园区发展经验总结

#### （1）具有前瞻性、战略性和创新性的顶层设计

园区顶层设计的前瞻性、战略性和创新性主要体现在发展理念、园区整体定位、产业体系、规划理念和建筑设计五个方面，这为园区发展提供了良好基础。

**发展理念创新**。园区从建设之初即抱着开放、创新的理念，充分考察论证了位于硅谷、华盛顿、马里兰州及新加坡等地的世界一流科技园区的发展历程及经验教训。对标世界一流水平进行园区规划和建设，奠定了中关村生命科学园的高度。

**园区整体定位的领先性**。在我国生物医药产业基础薄弱、整体发展以进口替代和出口创汇为主导的情况下，中关村生命科学园前

瞻性地将自己定位为以研发为主的生命科学自主创新、原始创新策源地。这需要极高的战略定力和历史使命感。

**产业体系的完整性及领先性**。园区规划之初，对创新生态系统的设计从"产、学研、用"三大要素进行构建："学研"为生物医药基础原理创造者；"产"将生物医药基础原理成果转化为产品，又将成果转化过程中对研究成果的改善需求反馈给"学研"主体；"用（医疗）"为产品的使用者，又在使用过程中将产品的改善意见反馈给产业主体，同时为"学研"主体提供选题研究视角和选题验证载体。"产、学研、用"三者之间形成相互作用、相互结合的创新生态系统闭环（见图4-4）。

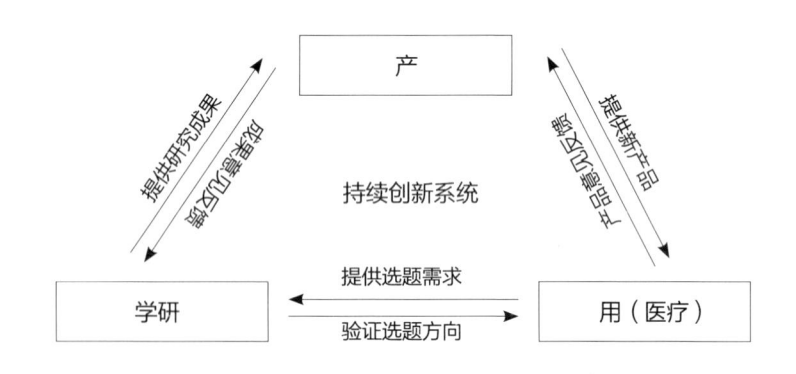

图4-4 中关村生命科学园设计的创新生态系统

**规划理念的前瞻性**。园区规划引入既独立又互动的细胞理念，形成了满足新经济形态需求，产、城、人、景等要素共生，功能复合、生态优美、产城融合的规划方案。其前瞻性体现在生态优先和生态友好的发展理念上：既相互独立又密切互动的状如细胞体系的空间形态，能满足不同需求的多样化功能和业态设计，以及不同生命周期企业需求的功能建筑群布局，打造主次清晰、循环有序的交通体系，为中关村生命科学园成为50年不落后的世界一流"科学城"提供了基础的物理支持。

其中，在生态环境营造方面：结合园区所在地北京西北郊的湿地景观特色和农田景观的异质斑块地貌情况，规划提出了"配置水生—沼生—湿生—旱生的植物群落景观——便捷的步行道网络穿插其中"，使人能够充分利用水际景观，实现了人与人、人与自然之间的充分配对和交流，向科技人员提供最佳创新意境。

在功能建筑群布局方面：规划提出"如同细胞核及胞间体，有完善的结构，高效运作，富于创新能力，功能建筑群在总体分布上以园内环路为界，形成内圈和外圈：内圈建筑呈半岛状延伸至湿地，与中心湿地环境有充分的接触，它们是科技人员相对集中的研发场所以及各类正式和非正式交流场所（酒吧、茶座等）；外圈则以外围绿地为环境，借助东西两侧的公路辅道，可向外直接开口，在方便货物出入的同时避免对内部研发环境的干扰，因而布局货流集中、科技人员相对较少的实验配套设施、动物饲养场地、植物温室以及大型集中实验室。北大国际医院位置既定，功能独立，布置在外圈西南角，同时利用外围绿带和内部湿地，形成良好的环境"（见图4-5）。

图 4-5　中关村生命科学园一、二期规划效果图

资料来源：生命园公司。

在交通体系设计方面：规划提出了"园区环路加尽端路"的路网结构。车流主入口设在南侧北清路上，北侧分设两个入口，形成一个 U 字半环，以方便与未来北部科学园二期工程相衔接。

在产城融合打造方面：规划提出"一个健康的高科技园区应是一个具有完善生态功能和适应生态过程的景观格局，将生产、住宿、会展、商业等多种功能融合，满足人类生活、工作和娱乐需要的适宜的生态系统；依托京藏高速与北清路交会处，打造综合性商业配套服务平台；依托北入口和北大国际医院，打造医疗中心、康复中心等北部健康服务中心。两处生活配套居住区能让园区保持职住平衡，构建绿色健康的生活环境"。

同时，一期地块科学合理的建筑比例（研发用房面积不小于 40 万平方米，公共技术支撑、孵化器和管理配套用房面积 12 万平方米），为初创企业、入孵企业、后孵化器企业等不同生命周期的企业提供了充足良好的发展空间载体。

**建筑设计专业化。**中关村生命科学园符合生物医药企业特殊门槛要求的专业化建筑打造，为园区走专业化道路奠定了基础，并成为园区一大核心竞争力。从层高、载荷、柱距、电力供应、上下水、废弃物处置、功能隔离到符合GMP标准的建设等都按生物医药产业的专门化需求进行特殊设置。其中，孵化器的专业化设计与建造成为国内生物医药行业孵化器参考的典范。

孵化器的整体建筑形象如一只手掌——"五个手指"区域主要设置研发功能，"手掌"部分主要设置办公功能。其中，"大拇指"主要设置会议室、报告厅、交流厅等，其他"四个手指"设置中试、生产功能，"手指与手指"之间设置新风系统。

具体建筑按照生物医药研发和中试生产专业建筑的行业规范进行建设：结构层高5.4米，跨度10米，满足GMP洁净度装修的需要；设置复杂的建筑设备系统，包括洁净空调系统、舒适空调系统、锅炉采暖系统、预处理水系统、实验上下水系统、工艺冷却水及工艺冷冻水供应系统、蒸汽系统、动力照明系统、消防报警系统、楼宇自控安防系统、综合布线及有线电视系统。

此外，楼宇配有5部货梯和5部人梯，可满足人货分流的要求；内设1 270平方米餐厅及150人报告厅，30人和20人共用会议室各一间；内设1 200平方米试剂、器材保税仓库及自选经营中心等，为中小型高科技企业和创业项目入园创造了条件。

（2）**专业化招商，敏锐把握行业机会**

中关村生命科学园紧抓生物医药行业留学人员"归国潮"机

遇，实现了园区生物医药产业的初始集聚。

随着国内生物医药行业发展和国家对海外留学人才的重视，2005年生物医药行业海外留学人才出现爆发式增长，他们多数对国内的行业政策、行业发展现状等都很陌生。中关村生命科学园迅速组建专业的招商团队，通过中关村留创园"三三会"等平台，建立与海归专业人才的对话平台，传递园区招商运营团队的专业化形象，从而实现孵化器于2005年年底基本满租。

（3）产业链招商，突破招商瓶颈

北大国际医院所在地块为园区二期开发用地。在当时招商和资金压力都较大的情况下，园区一、二期招商同时启动，以终端用户——医院带动上游产业链的招商。因此，尽管二期地块于2005年才启动一级开发，但园区将北大国际医院签约时间前置，同年举行了北大国际医院入园签约仪式，回收了一部分地价款。这一举措扩大了园区影响力，推动园区产业集聚，带动国内外相关企业聚集，尤其是医疗器械产业，同时大大减轻了园区运营机构的资金压力，为保障园区持续运营提供了强劲支撑。

2. 项目当期发展面临的挑战

（1）生物医药行业特性与阶段性发展特征挑战战略定力

生物医药行业具有高投入、长周期和高风险的特征，其中高投入主要体现在创新药的研发投入上。经验数据显示，一款创新药的产品研发需要15亿~20亿美元的资金。长周期是因为从药物研发到产业化需经历诸多环节，从实验研究阶段、中试生产阶段、临床试验阶段（Ⅰ、Ⅱ、Ⅲ期）到规模化生产阶段，每一个环节都面临严格、复杂的药品行政审批程序，整个流程通常需要 10～15 年时间，甚至更长。

高风险主要体现在从研发到产业化整个长周期中。任何一个环节的失败都可能导致前功尽弃，并且在当时的产业环境下，创新企业往往尚未充分享受到专利悬崖前的超额利润，就被仿制药抢占了市场，导致企业难以收回投资成本或享受不到合适的利润回报。

我国生物医药产业起步晚、发展弱，企业多数为新兴企业，历史较短，呈现"小弱散"的特点，对经济、财政税收贡献较弱，且以仿制药生产为主，对原始创新、自主创新重视程度不够。大学、科研院所等机构的研发能力以及对企业和市场的需求响应能力也有待提高。

中关村生命科学园在此基础上，提出以生命科学产业为主和以自主创新、原始创新为主的发展定位，面临着极大压力，包括产业招商、资金循环及财政税收要求等。尤其是在国家分税制改革、中央和地方事权及财权分离的背景下，地方政府也面临着土地财政、税收和 GDP 贡献的巨大考核压力。中关村生命科学园早期以孵化器内小微企业为主，它们经营不稳定，对办公面积需求有限，导致园区租金收入不稳定，财税贡献基本可以忽略；而地块企业以研发机构为主，土地出让回收价款尚不能覆盖前期土地一级开发费用，财税贡献也较弱。

因此，只有各级政府和主管部门、园区运营主体具有极大的战略定力,中关村生命科园才能坚持既定定位的发展路径。

(2)政策对园区产业发展的支持力度有限

本阶段的生物医药行业政策性文件大多为规划、纲要等综合性文件,聚焦生物医药行业发展的专项、实施类政策少,且专项、实施类政策以强化管理、加强监督、利于行业规范发展的管控类、规范性文件为主,激励政策少,因此对生物医药产业的实质性支撑较弱。比如2006年先后制定实施的《北京市医疗机构制剂注册管理办法实施细则(试行)》《北京市医疗器械软件产品监督管理规定(暂行)》等,都属于管控类、规范性文件。

(3)多层和多头管理挑战运营协调能力

中关村生命科学园由北京生命园公司负责开发建设,接受政府与市场的双重指导与考核管理,形成了市、区级政府与上层企业的多方领导管理体制。

在市场管理主体方面,2000年北京科技园建设股份有限公司(以下简称"北科建")、北京兴昌高科技发展总公司、北京海淀科技园建设股份有限公司三家出资3亿元,组建生命园公司。生命园公司经北京市政府授权,承担中关村生命科学园开发建设,旨在落实园区开发建设规划,通过运营管理导入生命科学领域相关产业资源,打造国家级生命科学和生物技术高科技产业创新园区。

其中,北科建出资19 800万元,占总出资金额的66%,成为生命园公司的市场管理主体,拥有生命园公司的直接行政任命权,对其经营情况进行考核,考核内容主要为地产开发类经济指标。

在政府管理主体方面，生命园公司接受市、区以及中关村科技园区管理委员会（以下简称"中关村管委会"）的多层级管理。在市级层面，生命园公司接受北京市科委及其他委办局指导；在区级层面，由于园区大部分土地属昌平区所辖，生命园公司接受昌平区政府考核，主要考核内容为园区产业发展及税收情况，并给予园区政府层面的优惠政策、资源的支持。政府派出的中关村科技园区昌平园管理委员会（以下简称"昌平园管委会"）作为与生命园公司进行政务对接的机构，不直接参与管理。同时，昌平园管委会还接受中关村管委会的管理。因此，政府管理主体方面存在多条线，这要求生命园公司具备较强的协调能力（见图4-6）。

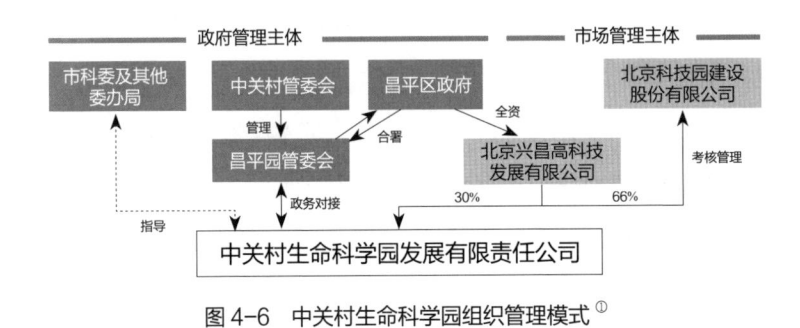

图4-6　中关村生命科学园组织管理模式[①]

另外，市场与政府管理主体对园区的考核目标不尽一致，易导致园区功能角色定位以及发展方向不清晰。

---

① 2010年3月，生命公司股东会通过决议，同意北科建将其持有生命园公司66%的股份作为对中关村发展集团的出资。2010年4月23日，北科建与中关村发展集团就上述事项签订股权转让协议。截至2020年8月，中关村发展集团占北京兴昌高科技发展有限公司股份为50.54%。

**（4）规划刚性挑战园区发展弹性**

为了保证规划的权威性，我国的规划尤其是控制性规划，刚性管制要素较多。北京市的规划更是充分体现了这种刚性——规划用地分类较细，规划用途相对单一，规划的调改流程较为复杂。这种规划的刚性在应对快速城市化、新型产业特征方面存在一定制约性。

随着招商工作不断推进，园区一、二期土地一级开发基本完成，一批国家重大项目与企业的落地，进一步巩固了中关村生命科学园作为生物医药专业化园区的地位。同时，园区内土地与物业资源的不足成为制约园区建设和生命园公司发展的迫切需要解决的问题。

一方面，园区后续发展土地新资源尚未落实；另一方面，园区控制性规划对于土地性质的刚性规划导致部分土地资源闲置，客户流失。例如，中关村生命科学园二期 A-4 地块为原协和医学中心用地，占地面积 19.9 公顷，规划建筑面积 19.7 万平方米。由于投资方变动以及协和医院相关方案调整，协和医院于 2008 年 6 月正式提出退出该建设项目。但该地块在控规编制时已明确用地性质，因此，协和医院的退出致使该地块无法直接用于其他项目建设，需经过土地性质变更等程序才可重新招商。

## 二、创新优化提升——内生和自发展能力形成

自 2008 年至"十二五"规划期末，中关村生命科学园进入创

新优化提升发展时期。本阶段，中关村生命科学园从简单的资源驱动、政策驱动向提升产业服务、培育园区内生发展能力及构建独特发展路径和模式转变，形成强劲的内生和自发展能力，成为国内生物医药产业领域原始创新策源地及综合服务能力排名领先的领袖型园区。

## （一）发展背景——行业整体趋好，竞争倒逼高质量发展

北京市发布一系列政策促进生物医药产业发展，政策环境日趋良好（见表4-1）。

表4-1　北京市2008—2015年生物医药产业相关政策

| 序号 | 相关政策 |
| --- | --- |
| 1 | 北京市中小企业创业投资引导基金实施暂行办法（2008） |
| 2 | 北京市医疗器械生产企业日常监督管理实施细则（2010） |
| 3 | 北京市贯彻落实国务院办公厅促进生物产业加快发展若干政策实施意见（2009） |
| 4 | 北京市调整振兴生物和医药产业实施方案（2009） |
| 5 | "科技北京"行动计划（2009—2012年） |
| 6 | 中关村国家自主创新示范区股权激励改革试点单位试点工作指导意见（2009） |
| 7 | 关于印发推动北京生物医药产业跨越发展的金融激励试点方案及工作管理办法的通知（2010） |
| 8 | 北京市关于进一步加强科技孵化体系建设的若干意见（2010） |
| 9 | 中关村国家自主创新示范区企业股权和分红激励实施办法（2010） |
| 10 | 北京市"十二五"时期生物和医药产业发展规划 |

（续表）

| 序号 | 相关政策 |
|---|---|
| 11 | 北京市加快培育和发展战略性新兴产业实施意见 |
| 12 | 北京市"十二五"时期高技术产业发展规划 |
| 13 | 加快建设中关村人才特区行动计划（2011—2015年） |
| 14 | 关于支持中关村国家自主创新示范区新技术新产品推广应用的金融支持若干措施 |
| 15 | 北京市人民政府关于进一步促进科技成果转化和产业化的指导意见 |
| 16 | 北京创造战略性新兴产业创业投资引导基金管理暂行办法 |
| 17 | 中关村国家自主创新示范区创业投资风险补贴资金管理办法 |
| 18 | 关于组织申报2013年通用名化学药、蛋白类生物药、疫苗发展专项的通知 |
| 19 | 北京市药品监督管理局药品注册快速审查办法（试行） |
| 20 | 关于做好北京市2013年中小企业发展专项资金项目申报工作的通知 |
| 21 | 北京技术创新行动计划（2014—2017年） |
| 22 | 加快推进高等学校科技成果转化和科技协同创新若干意见（试行）（2014） |

资料来源：生命园公司。

2010年10月，国务院颁布《关于加快培育和发展战略性新兴产业的决定》，提出"将生物产业列为七大新兴战略产业和国民经济支柱产业之一，大力发展用于重大疾病防治的生物技术药物、新型疫苗和诊断试剂等创新药物大品种，提升生物医药产业水平"。2012年，国务院印发《"十二五"国家战略性新兴产业发展规划》，明确提出"到2020年，包括生物医药在内的战略性新兴产业成为国民经济支柱产业,在'十二五'期间,生物医药产业规模年均增速达到20%以上"。同年,国务院颁布《生物产业发展规划》,正式将生物医药产业纳入国家发展战略,标志着生物医药产业进入集中性国家政策红利期。

与此同时,北京市配套出台若干生物医药产业专项政策。

2009年,《"科技北京"行动计划(2009—2012年)》发布实施,其中将生物医药产业列为北京市重点振兴的八大产业之一。

2010年4月23日,北京市启动北京生物医药产业跨越发展工程(G20工程),旨在通过"政府引导、市场选择、聚焦企业、规模发展",推动北京生物医药产业实现从"小弱散"向"高聚强"的战略转变和跨越发展,使其成为首都具有战略意义的支柱产业。

2011年,北京市颁布《北京市国民经济和社会发展第十二个五年规划纲要》,指出要大力发展生物医药等战略性新兴产业,打造生物医药产业集群,加快中关村科技园区大兴生物医药产业基地发展。

这一阶段的政策针对性强,在影响产业发展的科技成果研发与转化、人才、税收和金融、生物医药行业发展等方面都有专项政策安排,且以激励性、引导性政策为主,为生物医药产业发展营造了良好的产业生态环境。尤其是北京生物医药产业跨越发展工程、国家"重大新药创制"等工程进入成果兑现期,对北京市生物医药产业发展起了重大促进作用。

"十一五"末期，北京医药产业主营业务收入不到400亿元，至"十二五"末期，该数值达1 300亿元左右，医药产业成为北京新增千亿级产业；医药工业利润总额保持在全国前五，销售利润率始终为全国第一，医药工业增加值上升至全市第二位。在57家"G20"企业中，10亿元规模以上企业从2010年的7家增加到2015年的13家。"G20"企业发挥核心带动作用，截至2015年12月底，实现营业收入566.5亿元，占全市医药工业的58.1%。

在经济发展进入新常态的宏观形势下，北京生物医药产业增长速度从高速增长逐步转到中高速增长。

同时，在良好产业生态环境的支持下，我国生物医药产业蓬勃发展，形成长三角地区、珠三角地区、环渤海地区三大成熟集聚区（见图4-7）。此外，东北地区及中部地区的河南省、湖北省，西部地区的四川省、重庆市纷纷展现出良好的生物医药产业基础。其中，中关村国家自主创新示范区、上海张江药谷、苏州生物纳米科技园、武汉光谷生物城、广州国际生物岛和成都天府生命科技园等成为国内生物医药产业园区的典型代表。

我国生物医药产业发展逐步进入质量提升攻坚期，政策环境不断优化，创新能力、企业竞争力不断提升，行业发展整体趋好，竞争也趋于激烈，倒逼企业聚焦高附加值原研药、创新药的开发与研制。

## （二）发展情况——招商走向育商，开发走向全周期运营

中关村生命科学园一、二期开发建设已基本完成，园区产业发

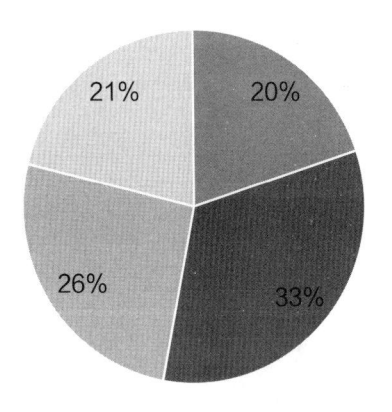

■ 环渤海地区　■ 长三角地区　■ 珠三角地区　■ 其他地区

图4-7 国家级生物医药产业园区数量占比

资料来源：前瞻产业研究院。

展进入聚集扩张期。在产业链条上，园区涵盖研发、生产、流通、临床等全过程；在产业布局上，园区形成了以生物医药行业为支柱，以医疗器械、医疗健康、生物农业、生物环保等为协同，以产业服务、基础研究等为支持的格局。

同时，园区自主创新、原始创新能力显著提升，企业间紧密互动，产—学—研—用一体化机制逐渐理顺；园区运营主体形成主动服务、系统服务能力，全生命周期、全维度助力企业发展，开始专注于本土原创型产业的培育，育成了一批明星企业，高端自主研发成果开始涌现，其中一批创新成果正逐步进入产业化阶段，园区整体发展开始呈现出高质量、全方位和国际化的趋势。

## 1. 园区开发建设情况

本阶段继续完成二期 2 个自持地块（医药科技中心地块和医疗配套地块）的一级开发，以及一期青年公寓和生物技术研发中心的二级开发建设，分别为入园企业员工提供宿舍和为中小型企业提供办公空间（见图 4-3）。2016 年，园区启动医药科技中心建设，整体工程包括 7 栋楼。医药科技中心建设完成后，园区持有经营面积达 25.7 万平方米，其中办公面积达 24.5 万平方米（见表 4-2）。

表 4-2  中关村生命科学园二级开发情况

|  | 项目 | 总面积（平方米） | 地上部分（平方米） | 地下部分（平方米） | 备注 |
|---|---|---|---|---|---|
| 已完工自持载体 | 创新大厦 | 39 962.5 | 29 590.1 | 10 372.4 | 含自用与孵化器用面积 |
|  | 生物技术研发中心 | 71 325 | 48 388 | 22 937 | — |
|  | 青年公寓 | 11 712 | 10 000 | 1 712 | — |
|  | 小计 | 122 999.5 | 87 978.1 | 35 021.4 |  |
| 在建 | 医药科技中心 | 134 096 | 59 096 | 75 000 | 2016 年开工，2019 年逐步投入使用。总建筑面积 19.9 万平方米，其中预计出售 6.5 万平方米，自持 13.4 万平方米 |
| 合计 |  | 257 095.5 | 147 074.1 | 110 021.4 | — |

资料来源：生命园公司。

园区新增签约地块企业 14 家,其中一期 8 家,二期 6 家。至此,一、二期待售地块全部出让完毕;新增生物技术研发中心物业和已使用的创新大厦物业均实现满租;地块企业和租赁企业共计 484 家。

目前,中关村生命科学园仅余一期三块配套用地、二期一块医疗配套用地尚未进行二级开发,共计 126 亩,规划建筑面积 11.8 万平方米(见表 4-3)。

表 4-3 中关村生命科学园剩余未开发土地情况

| 开发规划 | 地块 | 允许建筑面积(平方米) | 占地面积(亩) | 容积率 | 用地性质 |
| --- | --- | --- | --- | --- | --- |
| 一期 | 14#-3 | 23 643 | 22.17 | 1.6 | 配套 |
| | 14#-6 | 24 280 | 22.76 | 1.6 | 配套 |
| | 19# | 47 416 | 44.45 | 1.6 | 配套 |
| | 小计 | 95 339 | 89.38 | — | — |
| 二期 | A-3B2 | 22 600 | 36.9 | 0.92 | 医疗配套 |
| 合计 | | 117 939 | 126.28 | — | — |

资料来源:生命园公司。

"十二五"期间,中关村生命科学园全面开展生态工业园区建设和园区环境品质提升,荣获 2015 年度"北京市绿色生态示范区"称号。

通过园区道路等级分类、园区标识及户外导视系统、园区交通信号系统工程建设等构建便捷的交通体系,园区进一步完善基础设施建设。

通过健康环境、健康出行、健康运营三大主题规划,以及引导水资源、能源固废、绿地景观、综合交通、绿色建筑与智慧管理等专项规划，园区实施落地36项建设工程，并按照"诊断—规划—实施—评估"全过程闭合式实施路径，体系化推进中关村生命科学园绿色生态提升（见图4-8）。

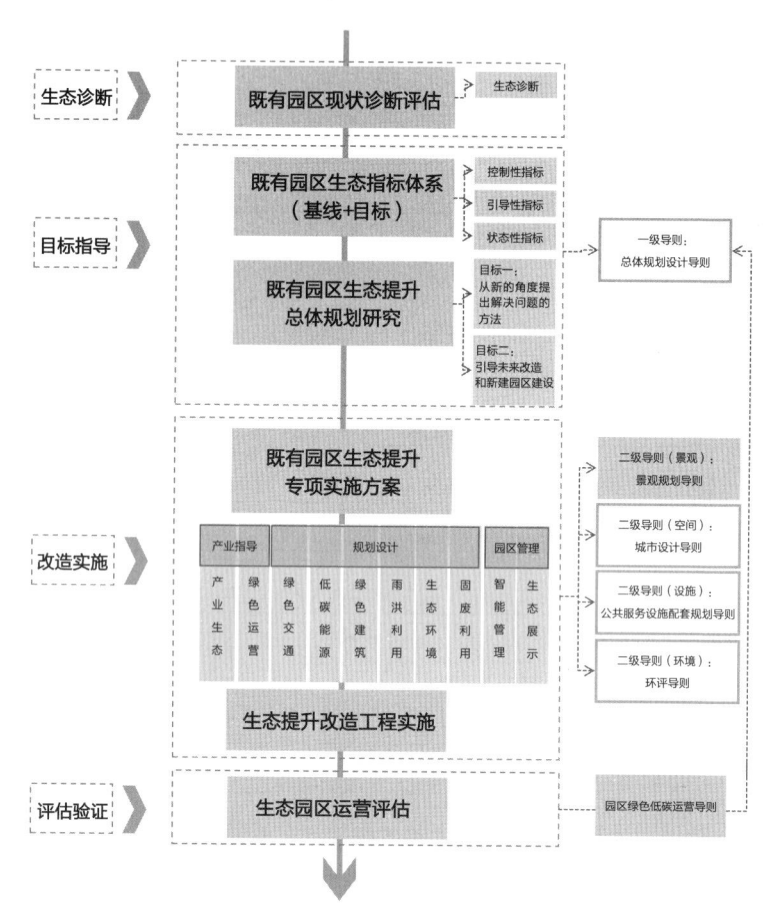

图4-8 中关村生命科学园绿色生态提升全过程闭合式实施路径

资料来源：《生命园"十二五"回顾与产业发展现状分析》。

## 2. 园区创新要素发展情况

### (1) 科研机构发展情况

园区科研机构已经形成国家制和独立法人制两种体制并存的多元主体类型，其中国家制代表机构为国家蛋白质组研究中心、国家人类遗传资源中心等；独立法人制代表机构为北生所和生物芯片北京国家工程研究中心等。

产—学—研—用一体化机制逐渐理顺。北生所促进科研成果转化，并制定了相关办法；北京脑科学与类脑研究中心以推动科研成果快速转化为目标，构建原始创新生态系统，以产权和利益共享机制吸引社会资金投入研究，并成立成果转化基金，引入专业化服务机构，促进研究成果的产业化。

自主创新方面成就突出，进入成果转化集中释放期，产业溢出效益日显。例如，正旦国际联合国家蛋白质科学中心（北京基地）进行产学研合作，成功研制了一批新药和诊断试剂，其已经成为蛋白组学领先的创新成果转化平台。

北生所的原创性基础研究实力已达到世界领先水平，并向应用领域延伸，溢出效应显现。成立于2015年的华辉安健（北京）生物科技有限公司（以下简称"华辉安健"），是北生所为加快实施国家创新驱动发展战略而孵化培育的一家高科技企业。华辉安健以北生所在乙型肝炎病毒领域的原始科学创新为基础，努力探索科研成果向实际应用转化的可行之路。

### (2) 园区企业聚集情况

企业成长性强，结构更加成熟并向金字塔形过渡。另外，入园企业投入的研发经费主要来自企业自有资金,投入力度逐年增长,企业研发创新能力不断增强,中关村生命科学园的自驱型创新园区特征凸显。

截至 2019 年年底,中关村生命科学园共有 528 家企业,企业结构体系由哑铃形向金字塔形过渡,300 人以上的大型企业占比 3.03%,100~300 人的中型企业占比 3.79%,10~100 人的小型企业占比 49.62%,10 人以下的微创企业占比 43.56%。另外,《2019 中关村生命科学园发展状况调查报告》显示,入园企业共投入研发经费 18.93 亿元,其中企业自有资金 16.65 亿元,占比达 87.96%。

**(3)服务支撑体系发展情况**

生命园公司将自身职责由园区开发建设转变为产业运营服务,并将自身定位为国内领先的、有全球影响力的科技园区开发与服务综合运营商,搭建多维度、层次化的产业促进体系,主要通过孵化器及技术平台专业产业服务和落地政策支撑带动园区企业发展。

**① 孵化器全生命周期的创新孵化服务**

经过 10 多年发展,中关村生命科学园孵化器(以下简称"生命园孵化器")已成为一家为生物医药领域初创企业提供创业服务的专业平台,其孵化功能在全国达到领先水平,先后获得国家高新技术创业服务中心、北京市小企业创业基地、北京市战略性新兴产业孵育基地、中关村生命科学园留学人员创业园等 10 多项荣誉与资质。

作为园区产业服务的专业性载体,生命园孵化器建设了全生命周期孵化服务体系,包括入孵前、在孵及出孵等各阶段的服务。

入孵前阶段,提供创业前辅导服务,通过构建资深创业导师团队为创业者提供具体指导和咨询。创业导师团队成员拥有生物医药专业背景，能为创业者提供更为科学、专业的咨询服务；并立足技术自身特点，帮助创业者在入孵前与投融资机构更顺畅地接洽。

在孵阶段，提供完善的专业化创新创业服务。生命园孵化器组建专业化技术专家团队和搭建技术平台，在投融资、知识产权、人力资源、财务、法律、市场推广等方面形成了较为完整的创业服务体系。通过从入园企业里筛选出行业技术专家，生命园孵化器组建专家委员会，切实解决创业者和小微企业在项目实施过程中遇到的技术问题，并结合公共技术服务平台，帮助创业者和小微企业在创业初期降低成本、规避风险，让它们健康快速地发展。

出孵阶段，提供定制化加速器空间服务。生命园孵化器通过对目前出孵企业的流向、具体需求进行调研分析，嫁接合作区域，为出孵企业提供创新发展空间。

中关村生命科学园孵化器公司提供的数据显示，生命园孵化器企业的存活率约为88%，平均5年孵化一轮，成功孵化率达80%；目前已出孵的三批企业中有50%选择继续留在京津冀发展。

② 公共技术服务平台服务

2005年11月，生命园孵化器筹备建设公共技术服务平台。本阶段重点建设了分子生物学平台、蛋白质技术研究平台、细胞生物学平台和基因测序平台4个平台（见表4-4），结合2016年后建成的6个平台（代谢组学检测平台、生物医药云中心、生物样本库、基因组编辑技术研究平台、基因定量检测平台、免疫细胞研究与应用平台），公共技术服务平台拥有10个核心技术平台。公共技术服务平台配备专业化技术及管理团队服务企业。公共技术服务平台2008年6月被评为首都科技条件平台，2010年3月获得中国合格评定国家认可委员会（CNAS）实验室认可证书，同年9月被评为"中关村开放实验室"。

表4-4 中关村生命科学园自建公共技术服务平台

| 序号 | 建设时间 | 平台名称 |
| --- | --- | --- |
| 1 | 2008年5月 | 分子生物学平台 |
| 2 | 2011年8月 | 蛋白质技术研究平台 |
| 3 | 2013年5月 | 细胞生物学平台 |
| 4 | 2014年11月 | 基因测序平台 |

资料来源：中关村生命科学园。

这些平台在建设过程中秉持服务研发、滚动发展、适时迭代更新的原则，保障了平台建设对研发的支撑性和引领性。

首先，生命园孵化器基于国内生命科学行业发展趋势与入驻企业需求两方面考虑选择建设平台的种类，保证平台的前瞻性和支撑性。例如，2006年第一个公共技术服务平台——药物分析检测平台的建设，主要是因为当时国内行业发展阶段聚集在化学药分析方面；而随着园区入驻企业的增加及其需求的增加，更加精准的服务平台——分子生物学平台被打造；伴随着整个行业生物大分子热度的增加，园区企业对进行基因检测的技术服务平台的需求凸显，基因测序平台、蛋白质技术研究平台和细胞生物学平台被逐步建立。

其次，生命园孵化器通过"少批量、滚动式"的平台建设模式，保证平台紧跟行业发展趋势，提高平台的使用率。经过10多年的发展，生命园孵化器以每 2～3 年打造一个平台的速度平稳增长，保证了平台满足不同时期入园企业的发展需求。

③ **资源共享平台服务**

中关村生命科学园非常重视资源共享平台的构建，在国家计划引导下，尝试建立企业化运作的新型生物医药技术平台。目前，从基因组研究、生物信息学研究、药物筛选、中药现代化等上游平台到动物试验、病毒载体等支撑平台，园区基本形成了一个互为补充的资源共享平台网。园区还依托入驻企业在园区内形成了多个资源共享平台（见表 4-5），共享平台作为产业链上的关键一环，能对相关细分行业的上下游企业产生集聚帮扶作用。园区内的相关中小企业可利用资源共享平台，在一定范围内实现信息和资源共享，企业间也可增进交流，促进产业成果转化。

表 4-5　中关村生命科学园企业间的资源共享平台

| 序号 | 平台名称 | 主要功能 |
| --- | --- | --- |
| 1 | 生物芯片技术服务平台 | 开展生物芯片研发及提供相关技术支持 |
| 2 | 体外诊断试剂研发平台 | 开展体外诊断试剂研发及提供相关技术支持 |
| 3 | 基因测序服务平台 | 提供基因测序服务及相关技术支持 |
| 4 | 干细胞技术服务平台 | 提供干细胞技术服务及相关技术支持 |
| 5 | 药物分析和筛选平台 | 开展药物分析和筛选及提供相关技术支持 |
| 6 | 蛋白质技术服务平台 | 提供蛋白质技术服务及相关技术支持 |
| 7 | 实验动物服务平台 | 提供实验动物服务 |

（续表）

| 序号 | 平台名称 | 主要功能 |
|---|---|---|
| 8 | 临床试验服务平台 | 提供临床试验服务 |
| 9 | 生物信息学服务平台 | 提供生物信息学服务 |
| 10 | 个性化医疗服务平台 | 综合各平台优势，提供个性化医疗服务 |

资料来源：《2015中关村生命科学园发展状况调查报告》。

**④ 政策支撑产业发展**

国家、北京市和中关村等各个层面围绕生物医药产业链进行布局，支持重大创新成果研发转化，加强技术服务平台建设，聚焦企业创新主体，密集出台一系列优惠政策，对产业发展起到良好促进作用。

## （三）经验与挑战

### 1. 园区发展经验总结

全国各级各类产业园通过第一阶段的运营和发展，"赛马"效应在本阶段逐渐显现。发展领先的产业园具有下述共性：所在城市或园区产业政策精准有效；入驻企业发展壮大；产—学—研一体化机制通畅；创新系统网络协同效应日益增强，即园区相关主体和创新环境互动性增强。也就是说，园区创新系统中的各个主体都在自发展、优化，不同主体间交易成本降低、互动性增强，即系统在持续进行适应性创新。其中，产业园运营主体的主体作用日益凸显，成为园区核心竞争力构建的关键影响要素。

生命园公司本阶段聚焦产业促进服务及区域拓展，为园区企业创新发展提供了良好平台，对园区未来良好发展做出了不可磨灭的贡献。

产业促进服务包括以下三类内容：

一是创建全国首个"一站式"特殊物品及生物材料进出口公共服务平台——中关村生命科学联合创新服务中心（以下称为"绿通北平台"）。在中关村管委会的倡导下，在北京海关和北京出入境检验检疫局的共同协作下，全国首个"一站式"生物医药特殊物品和动植物源性生物材料进出口公共服务平台——绿通北平台在中关村生命科学园成立。

绿通北平台成为新型口岸延伸区和打造创新型关检联合的操作平台，落实"一次申报、一次查验、一次放行"的口岸功能，实现全流程一体化。具体操作是通过落地创新政策，建立海关、检验检疫协同监管库，搭建一站式报关、报检和集中查验绿色通道，实现生物试剂耗材制品的"快报、快检、快放"，并最终实现"口岸放行、平台查验、后续监管"创新监管模式。中关村关检联合监管平台绿通北平台将落地各项政府创新试点政策，减少或去除前置审批，创造性地缩短进境动植物生物材料的入关时间，实质性地提高生物试剂耗材进口速度，并大大降低科研成本，全面推动北京市及中关村生命科学园的研发创新型企业提高国际竞争力。

二是提供投融资服务，建立金融银行。生命园公司通过与多家金融机构建立沟通机制，组织企业参与投融资对接会以及直接投资、融资性租赁等方式向企业提供间接或直接的金融服务，并继续深化"孵化+创投"的孵化模式，选择优秀企业进行创业投资，推荐优秀企业在新三板挂牌。

三是搭建信息化平台服务体系。生命园公司建立生命科学园特色园区产业信息分析统计体系，为企业制定园区发展战略提供产业分析信息，为企业招商工作和产业服务工作提供基础信息，为后续企业经营管理和决策事项提供有效的技术信息支持；通过产业联盟、信息平台、专题活动策划等，为企业建立正式与非正式的交流网络和渠道。

在区域拓展方面，中关村生命科学园对北京周边及国内重点发展地区的园区输出品牌进行综合开发和物业运营。受北京产业政策、空间资源及生产成本等客观因素制约，生命园公司需在园区以外寻求所需资源，破解发展瓶颈，保持公司的业务规模稳定及经济效益的不断增长，以实现园区公司的可持续发展。

2014年8月，生命园公司启动区域新资源拓展工作。在对入园企业需求调研以及对代表性企业成长性分析的基础上，生命园公司建立区域合作要素筛选评价标准，依据园区公司提出的合作对象的确立原则、合作内容、模式及工作方案，汇编形成《生命园公司区域新资源拓展合作模式研究及项目论证建议报告》，以管理输出、品牌输出、托管等多种模式，为异地扩张企业提供持续服务，为企业异地扩张提供助力。

## 2. 园区发展面临的挑战

目前，北京整体进入减量发展阶段。中关村生命科学园经过一、二期发展，可开发利用空间逐年减少。但随着园区产业聚集效应及美誉度的与日俱增，其对外部企业的吸引力不断增强，申请入驻的企业数量已远远大于园区可出让地块的数量；并且，较早进入园区的部分企业正迎来高速增长阶段，急需扩充办公空间，而剩余存量土地和现有物业体量有限，造成部分企业外溢。

## 三、全球开放创新——主动融入全球价值链高阶，向世界级自主原始创新策源地目标进军

进入"十三五"时期，中关村生命科学园及入驻企业均主动融入全球价值分工体系，在全球范围内整合人力、资金、创新知识源泉、专业服务能力等资源，遵守国际关税或非关税协议、规则、标准，融入全球大市场，占据价值链高端。

### （一）发展背景——企业创新能力提高，国家政策支持全球化

在全球产业分工加速变化的大背景下，我国出口结构发生变化，正在由附加值低的产品转向高附加值、高科技含量的中高端产品，其比重和地位不断上升。

在生物医药领域，我国凭借庞大的市场和强大的消费能力以及资本市场的鼎力支持，加之人工智能兴起产生的庞大的数据样本等众多因素的推动，已成为全球生物医药行业增长的主要动力源，而且生物制药已经上升为国家战略，未来我国将会推动全球生物医药

产业格局重构。近年来,国家相关部门多次出台强有力的政策,比如药品注册、药品上市许可持有人制度(MAH)及药品一致性评价等方面的政策,旨在提高生物医药行业的创新能力和产业化水平,鼓励企业走出国门参与全球化竞争。

新环境对园区各创新主体提出了新的挑战和要求,科研机构及企业必须持续提升自主创新能力,更深入地融入全球产业网络并占据产业链高端环节,促进我国生物医药产业创新发展。

## (二)发展情况——全面全球化

### 1. 园区产业发展情况

"十三五"期间,园区生物医药产业形成具有辐射及带动作用的产业集群,具备了从上游研发、产业化到终端医疗市场的较为完整的产业链条,以及有利于企业持续发展的产业生态环境,并不断向健康产业链条的相关环节延伸,参与全球生物医药产业竞争。

企业数量持续增长,质量不断优化。截至 2019 年 11 月,园区入驻企业总数为 528 家,呈现逐年递增的趋势,但受园区发展空间有限的影响,增长率在逐渐下降(见图 4-9)。另外,注册资本高的企业占比逐渐提升:2014 年,注册资本在 1 000 万元以上的企业占比约为 30%;至 2019 年,注册资本在 1 000 万元以上的企业占比为 40%。其中,注册资本为 1 000 万~5 000 万元的企业增长最多,近 5 年来增加了 8.3%,企业质量持续改善(见表 4-6)。

图4-9　2014—2019年中关村生命科学园企业总数发展

资料来源：《中关村生命科学园发展状况调查报告》。

表4-6　2014—2019年中关村生命科学园企业结构

| 园区企业发展 | | 2014年 | 2015年 | 2016年 | 2017年 | 2018年 | 2019年 |
|---|---|---|---|---|---|---|---|
| 企业结构（按注册资本分布） | 100万元（含）以下 | 22.22% | 41.83% | 25.31% | 24.02% | 23.55% | 19.63% |
| | 100万~500万元（含） | 36.11% | 30.07% | 21.60% | 21.93% | 21.49% | 25.56% |
| | 500万~1000万元（含） | 11.11% | 14.38% | 16.36% | 16.97% | 16.32% | 14.81% |
| | 1000万~5000万元（含） | 19.44% | 8.17% | 23.77% | 24.80% | 24.79% | 27.78% |
| | 5000万元以上 | 11.11% | 5.55% | 12.96% | 12.27% | 13.85% | 12.22% |

资料来源：《中关村生命科学园发展状况调查报告》。

高端研发资源不断聚集，自主研发能力快速提高。截至2019年，园区企业研发经费投入为18.9亿元，其中2018年达到最高值

35.2亿元，企业研发能力继续增强（见图4-10）。

图4-10 2014—2019年中关村生命科学园研发经费投入情况

资料来源：《中关村生命科学园发展状况调查报告》。

在技术研发和创新方式方面，企业自主研发占据绝对主力，企业数量达185家，与2018年相比增加58家，增幅达45%（见图4-11）。

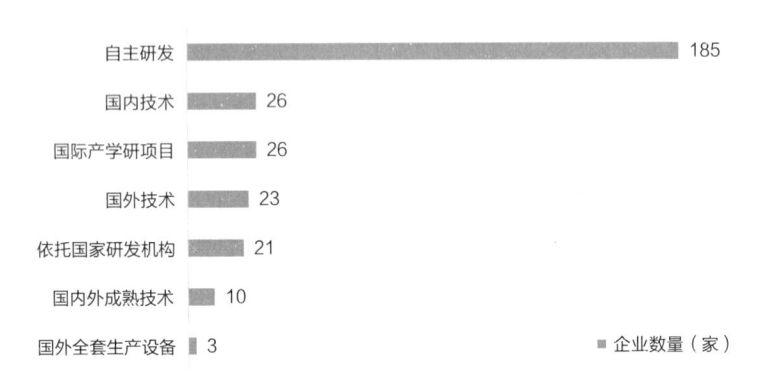

图4-11 2019年园区部分企业技术研发和创新方式

资料来源：《中关村生命科学园发展状况调查报告》。

## 2. 园区参与全球体系情况

我国生物医药产业经过近几十年的快速发展,已步入创新驱动、接轨国际的新征程。在此背景下,中关村生命科学园积极搭建专业化、国际化服务平台,连接全球创新资源,打造海外协同创新网络,加快园区"引进来"和"走出去"的步伐,促进园区及园内企业的全球化、国际化发展。

一是在空间布局方面,中关村生命科学园打造国际孵化和产业化项目,实现产业服务"走出去",提高园区品牌国际影响力,从而推动园区实现国际产业成果转化和产业承接。同时,加强国际化发展环境的营造,在以"引进来"为园区发展落脚点的基础上,通过"走出去"积极主动对接国外顶尖科研机构、科技前沿企业等,建设海外合作项目,进而将高端项目、创新资源和要素"引进来",有效提升园区创新要素的集聚效应与品牌国际影响力。

2017年,中关村生命科学园推进"中关村资本走出去和海外先进技术、人才引进来"战略,通过邀请顶尖机构专家代表访问园区深入交流,探讨合作建设国际创业基地等措施,拓展海外业务。

- 邀请哈佛大学医学院专家代表团访问园区,就药物载体和智能胰岛素释放药物等项目落地、融资、合作基地建设等内容进行交流,并通过项目路演、制药公司平台合作、寻求政府扶持基金支持等方式推动项目落地发展。
- 与澳大利亚新南威尔士州代表团探讨合作建设"澳大利亚新南威尔士州-中关村生命科学园国际创业基地"。

- 承接 iCAN 国际创新创业大赛专家团园区考察活动。
- 继续积极探索国际化发展新思路，连接全球创新资源，建设多个海外合作项目，与世界顶尖科研院所、协会达成合作，从而有效服务园区产业发展，推进园区品牌国际影响力的有效提升。
- 与中关村硅谷创新中心、波士顿创新中心建立战略合作，在美国建设"国际创业孵化基地"，为园区高端研发项目海外发展提供产业空间和支持；现已成功帮助园区两家企业"出海"发展。
- 在园区建设"中关村海外创新驿站"，为园区引进优秀项目团队，成功帮助来自美国麻省理工学院（MIT）的创业团队落地发展，为其提供办公、交流、孵化、加速、咨询及投资等增值服务。
- 进一步对接美国波士顿地区的高端研发资源，与麻省理工学院中国创新与创业论坛（MIT-CHIEF）达成战略合作，合力打造国际交流对接平台，引进前沿技术项目落户园区。2018 年，由美国麻省理工学院和加州理工学院校友创立的交叉学科创业项目——利用人工智能开发基于新抗原的癌症疫苗，已通过国际项目入园绿色通道入驻生命园孵化器。

此外，继在美国硅谷和波士顿设立中关村海外创新中心之后，中关村生命科学园继续走进德国，布局欧洲。2018 年 5 月，中关村发展集团在德国设立"中关村德国创新中心"，重点孵化生命科学、信息技术和智能制造等领域的初创团队和企业,推动中德双边初创团队和企业的创新发展,促进国际技术转移合作。

2019年,中关村生命科学园继续加强区域与国际合作,推进品牌输出与资源协同共享——与以色列魏茨曼科学研究院合作共建耶达-中关村创新药联合研发和转化中心。以色列魏茨曼科学研究院是以色列最顶尖的科研机构之一,在新药的原创性研发和科技成果转化方面处于世界领先水平,中以双方在新药临床前研发和转化方面形成了系统性和平台化的合作。

二是在参与全球产业链条方面,园区企业在研发、临床试验、产品销售等多个环节参与国际分工,进而融入全球共享创新网络系统。

中关村生命科学园已构建形成从研发到动物实验、从中试到生产、从临床科研到医疗服务以及从产品到市场等完整产业链条。除原料进口外,园区企业在研发、临床试验、产品销售等环节不断拓展海外业务,持续深入参与全球产业链条。目前,园区企业参与全球产业链条主要表现在创新药研发和研发外包方面。

其中,创新药研发的代表企业为百济神州,由著名华人科学家王晓东院士和美国企业家欧雷强(John Oyler)于2010年联合创办,是一家植根中国的全球性商业化生物医药公司,致力于成为分子靶向药物和免疫肿瘤药物研发及商业创新领域的全球领导者。

百济神州分别于2016年和2018年在纳斯达克和港交所上市,成为国内首家在纳斯达克和港交所同时挂牌的生物技术企业,美国食品药品监督管理局(FDA)授予其在研BTK(布鲁顿氏酪氨酸激酶)抑制剂泽布替尼(zanubrutinib)突破性疗法认定。泽布替尼是第一个由中国企业自主研发并获准在美国上市的抗癌新药，实现了中国原研新药出海"零的突破"。

自 2013 年起，百济神州便开始不断拓展海外业务，先后分别同跨国医药巨头默沙东和德国默克开展战略投资及协同开发合作，又和美国强生等国际巨头建立战略合作伙伴关系。百济神州在全球多地设有分支机构，包括位于美国旧金山的全球临床总部，位于澳大利亚、新西兰的临床部门和位于北京、上海、美国波士顿的营运部门。

百济神州正从创新研发领导者向研发、生产和销售一体化的全面商业化企业转型，拓展产业链环节，全面、深度地参与全球生物产业市场。在产品合作与销售环节，百济神州与国外顶尖生物医药企业合作，获得产品销售权。

2019 年，百济神州与安进（Amgen）公司达成全球肿瘤战略合作，获得安进公司三款成熟肿瘤药物在中国的开发和商业权利，且将共同开发后者的 20 款在研肿瘤药物，并由百济神州负责它们在中国的开发和商业化。

研发外包的代表企业为保诺科技（北京）有限公司（以下简称"保诺科技"）和康龙化成（北京）新药技术有限公司（以下简称"康龙化成"）。

CRO 指新药研发合同外包服务机构，是通过合同合作的形式向制药企业提供新药研发服务的专业公司。CRO 的工作覆盖新药研发的各个环节，其按照所覆盖的药物研发环节可分为临床前 CRO 和临床 CRO。

国内CRO产业主要集中在北京、上海、南京以及天津，北京占了全国市场份额的25%。北京的CRO产业主要集中在中关村生命科学园，头部企业为保诺科技、康龙化成，它们订单的90%来自欧美及日本的大药厂。它们在新药研发的合作中不断延伸出、me-too（创新药）、me-better（更好的创新药），推动中国从仿制药大国向创新药大国过渡。

随着CRO企业发展的成熟和对高收益的追求，越来越多的CRO企业凭借自身专业知识对新药品种进行筛选，与拥有新药品种的药企形成战略同盟，以投入资金和服务的方式共同开发。

另外，目前中关村生命科学园有部分企业的产品或服务主要由美国、荷兰、澳大利亚、加拿大等国家提供，而产品出口国外的园区企业有13家，主要出口美国、日本和欧洲的许多国家，其中北京万泰生物医药股份有限公司的产品出口50个国家或地区。

在全球生物医药产业蓬勃发展与园区运营能力不断提升的大背景下，园区企业对外扩展的需求也在不断增加，不少企业有国际扩展的需求和计划，比如博奥生物、新时代健康、北大医疗、军科正源等企业。未来，中关村生命科学园应充分发挥海外合作中心、基地的作用，助力企业扩展海外业务，同时加速国际高端要素进驻园区，推进园区和企业全面且深度参与生物医药全球产业链条，促进科技成果的转化。

三是伴随生物医药利好消息不断出现，国际资本开始持续涌入，中关村生命科学园多家企业获得融资。

我国新药研发的大环境，如政策、人才、资金、风投、监管等都在进一步改善，国际资本正在涌入我国市场，而中关村生命科学园作为医药行业自主创新高地、原始创新策源地，必将成为承载国际投资的首发地。目前，以国际投资为主导的代表企业为百济神州和保诺科技。

百济神州在扩展全球产业链条的同时，先后完成多次海外融资。在 2013 年与美国强生等国际巨头建立战略合作伙伴关系之初，百济神州便得到跨国医药巨头默沙东的投资。随后，百济神州获得多笔海外投资，至 2020 年，百济神州与美国安进公司达成全球肿瘤战略合作。同时，安进公司以约 27 亿美元收购百济神州约 20.5% 的股份，完成全球生物制药领域迄今为止金额最大的一次股权投资。

保诺科技成立于 2006 年，是一家国际领先的药物研发合同外包服务公司，提供从靶标识别到 III 期临床研究的一体化药物研发服务。2009 年 12 月，PPD 公司（一家专注医药研发外包的公司）以 7 700 万美元完成了对保诺科技的收购，将其在中国的业务范围扩展到药物化学、药理学、药物代谢动力学等；2015 年，保诺科技加入美国 Bridgewest 企业集团（BBG），并与集团旗下世界领先的制剂研发企业 Formex 合并，扩展了公司新药研发服务链条；2019 年 1 月，全球知名私募股权投资基金之一——安宏资本注资保诺科技，保诺科技借助安宏资本在 CDMO（医药定制研发生产）和 CRO 市场的丰富经验，打通从研发、生产到销售的产业全链条。

四是打造国际化正式与非正式交流网络，形成高端交流平台，推动企业互相学习，寻求合作机会。中关村生命科学园创办具有全球影响力的生命科学峰会和全球高端创新论坛，鼓励园区企业主办或参与生命科学国际论坛、峰会；鼓励生命科学领军企业联合全球生命科学领域顶尖企业和行业协会，打造国际生命科学领域技术交流平台；定期举办国际生命科学领域博览会；打造中关村世界生命科学大会项目；举办生命科学大会或创新论坛，邀请业内顶尖专家学者、行业领军企业高管、科研机构著名科学家参加，并设立永久会址。

## （三）经验与问题

### 1. 园区发展经验总结

中关村生命科学园主要通过持续完善技术服务平台、构建融资服务体系、丰富产业服务体系和打造"8+3+1"创新创业服务体系促进服务能力全面提升。

在持续完善技术服务平台方面，中关村生命科学园依托公共技术服务平台，向园区企业提供开放实验室服务，增加孵化器硬件设施和仪器设备。

在构建融资服务体系方面，中关村生命科学园通过组织创新创业资金需求对接活动、搭建创新创业投融资平台、跨板块业务协同和成立科技金融超市等，进一步完善创新创业融资服务体系。

- 组织创新创业资金需求对接活动：2016年完成"孵化+导师+创投"发展模式的体系创建，为入孵企业举办精品项目路演会，募集创投资金7 000万元；2017年组织3次精品项目路演会。

- **搭建创新创业投融资平台**：2016年推进成立天使基金，初步完成基金运、管、投三位一体方案，构建以基金为支撑的生命科学投融资体系，丰富园区创新创业生态。
- **跨板块业务协同**：2017年推荐北京赛贝生物科技有限公司获得中关村领创股权投资项目并签订协议，推荐合生基因公司、起源爱心公司获得中关村融资租赁贷款2 000多万元。
- **成立科技金融超市，完善投融资特色服务体系**：2017年9月成立中关村生命科学园科技金融超市，截至2018年6月30日，超市平台入驻资方数量达到120家；组织5场路演活动，其中包括4场线下路演、1场线上路演，累计到场资方超过330家，实际协助企业融资超过2亿元。

在丰富产业服务体系方面，中关村生命科学园每年举办发展论坛、大讲堂、企业家俱乐部、行业专题研讨会等产业交流活动，并打造园区会议中心，提供会议服务功能，依托园区技术服务平台开展项目开发、技术服务和培训等工作。

在打造"8+3+1"创新创业服务体系方面，中关村生命科学园通过提升专业技术服务能力、构建金融支撑体系以及引入专业化服务团队为创新创业服务体系提供支撑。

## "8+3+1"创新创业服务体系

为了更好地满足生命园孵化器的在孵企业需求，提升其入驻体验感，深化"强服务"改革方针，生命园孵化器将打造"8+3+1"创新创业服务体系，全方位服务入驻企业。其中，"8"是指物业服务、金融服务、创业咨询服务、知识产权服务、政策政务服务、并购服务、科研技术服务、媒体宣传服务8个创业服务板块；"3"是指3个增值服务套餐，即无忧服务套餐、优享服务套餐、尊享服务套餐；"1"是指1个向园区外输出的创业服务超市。

### 8个创业服务板块

(1) **物业服务**

为企业提供房屋租赁、企业入驻、装修管理、物业维修等服务。

(2) **金融服务**

依托中关村生命科学园科技金融超市（中关村发展集团分支机构）为入园企业提供全面、多样的金融服务，提高入园企业孵化成功率，增加行业内企业的综合竞争力。中关村生命科学园科技金融超市成立于2017年9月，专注于打造实体和互联网双方向、综合性、一站式金融服务平台，建立了金融服务品牌"精准金服",并注册专属金融服务平台网站,加载到生命园孵化器网站主页面上,同时打造精准金服App(应用程序),便于企业移动应用。

(3) 创业咨询服务——"导师论道"和"创业学院"

通过集聚有影响力的优秀创业导师,形成创业导师团,为初创企业提供专业创新创业培训,加速推动双创产生大规模的实效。目前,生命园孵化器拥有20余名创业导师,不定期邀请创业导师举办"导师论道"线上线下同步见面会,根据企业的需求,采用直播方式,为初创企业提供人力、财税、法务、知识产权等专业培训。后续生命园孵化器将继续扩大导师队伍,吸纳院士、金融专家、创业企业家等进入创业导师团,提高培训的水平和能级,力争将生命园孵化器打造成孵化企业的"创业学院"。

(4) 知识产权服务

为企业提供专业的知识产权服务,提高企业知识产权维权意识,建立园区知识产权保护体系。2017年,知识产权工作站共接受知识产权咨询50余次,配合知识产权局调研活动4次,建立知识产权图书角1个;组织知识产权相关活动5次,累计服务人数373人;通过生命园孵化器微信公众号平台推送相关信息20余次。此外,知识产权工作站还为重点企业建立了知识产权台账和档案,并每三个月进行一次知识产权档案的收集、整理、存档、记录，以跟踪企业的创新成果，推动企业的成果落地转化。

北京市知识产权局授予生命园孵化器"北京市中小企业知识产权聚集示范区"称号。未来，生命园孵化器将进一步加强知识产权服务，从招商阶段介入，帮助创业者分析和调整创业方向，整合高端资源要素。同时，生命园孵化器将与北京集佳知识产权代理有限公司、北京路浩知识产权代理有限公司、北京柳沈知识产权有限责任公司等合作，协助企业开展知识产权申报；并与北京知识产权运营管理有限公司（北京IP）、汇桔网、北京超凡知识产权管理咨询有限公司合作，协助企业开展知识产权运营。生命园孵化器计划于2018年建设知识产权系统，为企业进行风险分析，帮企业开展风险预警工作。

**（5）政策政务服务**

①政策服务

为充分激发创新创业活力，吸引更多双创人员入园创业，生命园孵化器通过政策征询，定期与企业沟通，了解双创政策的痛点和盲点，向委办局提供政策制定建议，提高双创扶持政策的靶向性。同时，组织企业申报扶持政策，并及时解决企业在申报项目过程中的政策问题。

②政务服务

生命园孵化器依托中关村生命科学园创新创业服务中

心（与昌平区政府共建）提供政务服务。中关村生命科学园创新创业服务中心是中关村科技园区昌平园管委会派驻生命科学园的政务办公一体化服务机构，为园区企业提供政务服务，包括企业注册、项目申报、专利资助、人力社保、消防、环评等服务。

(6) 并购服务

在孵企业满足生命园孵化器毕业标准后，将会有30%~40%的企业有出售自身研发成果的需求。生命园孵化器将会积极与国内外各大知名药企展开合作，为未来各大医药企业收购优质毕业企业的工作打好基础。同时，生命园孵化器将建立海外工作站，为企业提供项目对接、人才引进和企业国际化等服务。

(7) 科研技术服务

①技术服务

技术服务依托中关村生命科学园公共技术服务平台开展，该平台拥有药物分析检测、代谢组学技术、蛋白质技术、分子生物学、细胞生物学、基因测序、生物信息、中关村生物样本库、生物医药云中心以及基因编辑10大功能子平台。平台运营团队共有8位专业技术人员，其中硕士7人，学士1人。该平台为各企事业单位提供专业化实验仪器设备，并配备专业技术人员承接各企事业单位委托的专业技术服务，同时也可为客户提供整体解决方案，进行项目合作开发，降低企业创新创业成本，帮助企业项目成果转化落地。目前，它已服务上百家企事业单位。

②科技信息服务

依托中关村生物医药科技信息交流中心（与中科院文献情报中心共建），为入园企业提供文献检索、科技查新、产业情报等服务。

③计量标准创新服务

依托生命科学计量-标准创新支撑平台（与中国计量院共建），为入园企业提供包括校准检定、标准宣贯、检测鉴定、技术咨询、计量认证、合作研究、研制标准和资源共享等在内的一系列服务。

**(8) 媒体宣传服务**

建立中关村生物医药行业媒体宣传中心，招纳电视、广播、网络等媒体入驻，打造行业新闻专属通道，保证新闻和宣传的及时性、有效性、受众群体数量。打造自有新闻媒体、纸质媒体、网络媒体等媒体服务品牌，力争成为中国生物医药行业媒体新锐。

### 3个增值服务套餐

创业服务超市为企业提供三大增值服务套餐，分别为无忧服务套餐、优享服务套餐和尊享服务套餐。

### (1) 无忧服务套餐

涵盖企业创业初期最基础的服务需求,包括创业资讯服务和金融服务,服务费用为2万元/年。

### (2) 优享服务套餐

适用于处于成长期、规模为5~10人的创业企业,在"无忧服务套餐"的基础上增加知识产权等服务,服务费用为5万元/年。

### (3) 尊享服务套餐

适用于具备一定经济(或研发)实力、员工人数达到10人以上的创业企业,在"优享服务套餐"的基础上增加媒体宣传等服务,服务费用为10万元/年。

## 1个向园区外输出的创业服务超市

创业服务超市分为线上和线下两种模式。线上采用网络形式,对未集中在园区的企业和散落在各地的企业进行统一管理。线下以实体店的模式吸纳企业入驻,主要场地为各大科技园区、企业写字楼。入驻方式为直营和加盟连锁,由园区或地产载体提供场地,以小店面的形式分布于各地。

所有创业服务超市拥有统一的装修风格和服务内容,企业无论在任何城市的创业服务超市都会感到宾至如归。每一家超市的面积固定为300~500平方米,由园区运营商装修后统一交付使用。创业服务超市为企业提供上述8+3的所有服务内容和创业投资。

## 2. 园区发展面临的问题

一是基于园区有限的土地资源和自持物业规模，中关村生命科学园面临着提升空间的产业承载能力以及满足更多优质项目落地和入园企业扩张需求的问题。虽然《国务院关于推动创新创业高质量发展打造"双创"升级版的意见》（国发〔2018〕32号）明确提出"积极落实产业用地政策，深入推进城镇低效用地再开发，健全建设用地'增存挂钩'机制，优化用地结构，盘活存量、闲置土地用于创新创业"，但是土地再开发的相关实施细则却缺位，这在一定程度上阻碍了园区存量资源的盘活。

随着园区高端自主研发成果不断涌现，一批创新型明星企业进入成果转化和产业化能量集中释放期，其中高成长型企业提出扩大产业化空间的需求和愿望。大型高科技公司通过设立子公司延伸业务链条，有扩展需求的企业数量快速增长，截至2019年年底，有业务扩展需求的企业为296家（见图4-12）。因此，集约利用园区土地，发挥有限土地资源的最大效益，做好企业闲置用地的清理回购，提高土地产出效益等问题亟待解决。

二是在生物医药产业全球化过程中，中关村生命科学园面临着复杂激烈的竞争环境，能否提供全球化产业服务能力，满足企业国际化诉求，成为园区产业运营能力的关键评价维度。

生命园公司通过加快"引进来"与"走出去"步伐，在全球布局合作中心、基地等，不断吸引海外投资，推动建立合作网络。然而，目前园区已经建立的海外合作站点对园区企业海外业务拓展的支撑作用尚未显现，与企业需求对接的服务管理体系尚需完善。园

图4-12 2015—2019年中关村生命科学园有业务拓展需求的企业数量

资料来源：《中关村生命科学园发展状况调查报告》。

区已建立了企业与世界联通的桥梁，未来需要完善快速、高效、准确对接企业需求的服务体系：一方面吸引国外优秀项目入园发展；另一方面助力园区企业参与全球市场竞争。

另外，融资是企业参与全球化发展的必要途径，目前园区企业投资中的海外投资占比较小。园区建立的科技金融超市等投融资服务体系与海外合作站点的联系不够紧密，为园区企业参与全球竞争所提供的支撑力度较弱，对海外投资的引入力度有待加强。园区企业对外扩张及融资需求不断增加，要求园区金融服务体系持续优化，服务内容更加多元化——在拓展投资渠道的同时，为企业提供上市、并购等多元化的专业服务。

# 第五章
# 中关村生命科学园建设的社会经济效益

中关村生命科学园经过20年的发展，不仅同我国的生命科学和生物医药产业同步高速发展，而且成为整个产业发展的有力推动者。其持续打造生命科学领域的原始创新策源地和自主创新主阵地，积极营造与国际接轨的世界一流创新发展环境，为我国生命科学和生物医药产业的创新与优化发展做出了重要贡献。

## 一、中关村生命科学园对中国生物医药行业的贡献和影响

中关村生命科学园聚焦国家生物医药产业发展，是我国应对全球科技革命，争夺未来生物医药领域话语权的重要战略布局。同时，它肩负着实现生物医药行业弯道超车的使命，是国家级生物技术和新医药高科技产业创新基地，承接国家战略需求，集聚一批国

家级生命科学基础研究重大项目,引入国内外拥有领先技术和产品的生物医药企业,引领我国生物医药行业的发展。

中关村生命科学园在持续涌现高端自主研发成果的基础上,为生物医药行业培养了大量专业领先人才,探索并输出高效的科研机制,并通过人才机制、体制机制、行业标准、产业环节及资本等的对外输出,影响和带动我国生物医药行业的健康发展。

总结来看,中关村生命科学园对我国生物医药行业的贡献和影响主要在于,通过"产业前沿原创研究夯实基础、高端人才集聚和溢出、体制机制创新与示范以及产业溢出"全面赋能中国生物医药产业,重构世界生物医药产业竞争版图。

## (一)产业前沿原创研究全面强化产业基础能力

中关村生命科学园肩负着国家发展生物医药产业自主创新高地、原始创新策源地,以及提升21世纪国家竞争力的战略使命。因此,园区顶层设计布局高远,立足国家战略需求,落地了一批生命科学领域的国家工程中心、重点实验室(见表5-1),并承接国家重大项目。这些项目关注的都是生命科学最底层的数据、最基础的研究机理、最创新的研究范式,并聚焦生命科学领域关键共性技术的研究发展和关键设备的研发生产。这些项目的发展将极大提升生命科学产业的产业基础能力,对我国生命科学产业的可持续发展能力、持续创新能力产生重大影响。

表 5-1　园区国家工程中心和重点实验室

| 序号 | 企业或机构名称 | 授牌名称 |
| --- | --- | --- |
| 1 | 北京脑科学与类脑研究中心 | 北京脑科学与类脑研究中心 |
| 2 | 西北大学、中国地质科学院地质研究所（北京离子探针中心） | 大陆动力学国家重点实验室 |
| 3 | 中国地质科学院地质研究所（北京离子探针中心） | 国家科技基础条件平台北京离子探针中心 |
| 4 | 博奥生物集团有限公司 | 生物芯片北京国家工程研究中心 |
| 5 | 北京正旦国际科技有限责任公司 | 蛋白质药物国家工程研究中心 |
| 6 | 北京蛋白质组研究中心 | 蛋白质组学国家重点实验室 |
| 7 | 国家卫生计生委科学技术研究所 | 国家人类遗传资源中心 |
| 8 | 厦门大学、北京万泰生物药业股份有限公司 | 国家传染病诊断试剂与疫苗工程技术研究中心 |
| 9 | 北京碧水源科技股份有限公司 | 国家环境保护膜生物反应器与污水资源化工程技术中心 |
| 10 | 北京泰盛生物科技有限公司 | 中美口腔干细胞国际联合研究中心 |

资料来源：生命园公司。

北生所是在国家科技创新战略背景下成立的，其主要任务是进行原创性基础研究，研究领域涉及癌症细胞凋亡、病原细菌、干细胞、乙肝病毒等，几乎涵盖了当今国际生命科学研究领域的所有热点。

生物芯片北京国家工程研究中心是领航国内医疗健康产业的国有创新型高科技企业，同时也是我国第一个以企业化方式运作的国家工程研究中心。其依托清华大学及下属五大研究院雄厚的研发实力，已成功开发出与临床诊断及健康管理相关的数十种具有自主知识产权的产品和服务。

国家蛋白质科学基础设施北京基地（"凤凰中心"）获得国家发展改革委批复落地园区，是"十一五"国家重大科技基础设施之一，致力于为有关蛋白质的生命科学研究提供先进技术支持。蛋白质组研究是21世纪生命科学的焦点之一，蛋白质组则是开发疾病防诊治药物和技术的直接靶体库。人类蛋白质组已成为最重要的战略资源之一，是国际生物科技的战略制高点，将直接关系到未来整个生物技术及相关产业的发展空间和市场份额。[1]中关村生命科学园内的国家级蛋白质组学研究中心和基地通过建立蛋白质表达谱、修饰谱、定位、抗体工程、生物信息学、蛋白质组新技术和蛋白质工程等尖端高通量技术平台，引领中国乃至世界蛋白质组的研究发展计划。

国家人类遗传资源中心是国家生命科学领域的资源保障，也是很多新药研制的底层数据保障。

与其他产业相比，生物医药产业的创新与发展更加依赖于关键共性技术，发展关键共性技术对提升产业原始创新能力和核心竞争能力，增强医药企业创新能力，培育和形成具有自主知识产权的生

---

[1] 贺福初. 国家人类肝脏蛋白质组计划[J]. 医学研究通讯, 2004(07): 2.

物医药产业具有重要意义，能为企业进行后续商业开发奠定基础，同时带来巨大的、潜在的经济效益与社会效益。[①] 依托国家重大项目的落地，中关村生命科学园已成为国家级生命科学和新医药高科技产业的创新基地。

## （二）高端人才集聚和溢出

生物医药产业是典型的人才密集型和知识密集型产业。中关村生命科学园站位于生命科学领域的原始创新策源地和自主创新主阵地，吸引大批海外高端人才归国创新创业，聚集大批包括院士在内的高端专业人才，并不断培养生命科学领域的硕士、博士研究生，形成人才良性循环。同时，园区的科研机构、院所以及企业也向全国生命科学领域输出大量高端专业人才。

在人才集聚和培养方面，中关村生命科学园历经 20 年的发展，集聚众多国家级生命科学基础研究重大项目、国内外大中型企业，培养并吸引大批高端人才集聚。截至 2019 年，园区拥有 8 个国家重点工程中心和实验室、5 个院士工作站、16 个博士后科研工作站，集聚高端人才 220 人，其中院士 19 人（居全国生物医药专业园区首位）（见图 5-1）。在园区所有从业人员中，硕士及以上学历人员占比为 25.37%，留学归国人才有 633 人，各类高端人才逐年增加。

---

① 林东，孟光兴. 我国医药产业共性技术发展研究 [J]. 合作经济与科技，2019(12)：28-30.

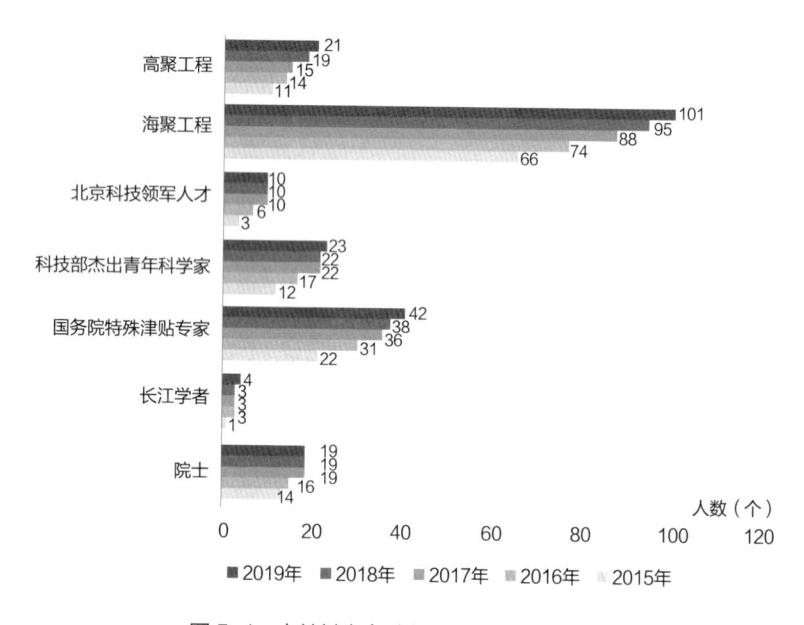

图 5-1 中关村生命科学园高端人才分布情况

各类别人数（2019年/2018年/2017年/2016年/2015年）：
- 高聚工程：21/19/15/14/11
- 海聚工程：101/95/88/74/66
- 北京科技领军人才：10/10/10/6/3
- 科技部杰出青年科学家：23/22/22/17/12
- 国务院特殊津贴专家：42/38/36/31/22
- 长江学者：4/3/3/3/1
- 院士：19/19/19/16/14

资料来源：《2015—2019年中关村生命科学园发展状况调查报告》。

中关村生命科学园为生命科学领域国内外顶尖人才以及青年学者提供了科学研究和创新创业的绝佳场所，不仅是全国生物医药专业园区中院士数量最多的园区，而且汇集了大批归国顶尖人才。2012年，全球著名研究机构美国霍华德·休斯医学研究所授予来自17个国家的28位科研人员"国际优秀青年科学家"称号，入选的7名中国人中，北生所研究人员独占4席，足可见园区对高端及顶尖人才的吸引和集聚效应。

除了吸引和集聚高端人才，中关村生命科学园还承担了人才培养与输出的重任。园区内部分科研院所、实验室设有研究生培养机构，或与北京大学、清华大学等高校建立联合培养研究生项目，为生物医药行业不断输出高端专业人才。其中，北生所是生命科学领域人才培养和输出的杰出代表。

北生所作为政府直接支持建立的新型科研单位，其目的是促进中国生命科学发展，任务是进行基础研究，同时培养优秀科研人才，探索新的与国际接轨且符合中国发展形势的科研运作机制。北生所的一切工作都以推动一流科学研究为目的，重视高端科研人才的集聚和培养。

在研究生培养方面，北生所在建所初期即成立研究生院，并与国内多所大学建立联合招生途径。截至2018年年底，北生所共培养研究生518人，已毕业博士290名、硕士15名，其中多人获得"吴瑞奖学金""强生亚洲优秀生命科技研究生论文奖""研究生国家奖学金"等荣誉；61人留在国内科研、事业单位任职，近30人进入外企从事研发、市场或技术支持等工作。截至2020年8月，北生所有在读研究生200余名，共24个实验室、24位博士生导师，持续为中国生物医药行业培养和输出高端专业人才。

在人才溢出方面，北生所在集聚国内外高端人才的同时，向高校生命科学相关院所输出成熟的PI（Principal Investigator，首席研究员）人才。北生所迄今累计培养45位留学归国的青年科学家。部分从北生所走出去的PI，进入北京大学、清华大学、中国科学院等国内顶级高校和科研院所，已成为国内外生物医药行业高科技教育的培育者和引领者。这些顶尖人才进入中国生命科学领域的科研院所，担任院长、副院长、博士生导师、学科带头人等重要职位，承担多项国家及国际课题研究，构建实验室平台等，成为高校生命科学与生物医药学科创新发展的中坚力量。同时，他们在新的岗位复制和推广北生所的创新科研管理体制，持续培养高端专业人才，这充分体现出高端人才溢出对我国生命科学与生物医药学科建设及成果创新发展的推动和引领作用。

## （三）科研机制创新和示范效应

中关村国家自主创新示范区是我国科技体制改革先行先试的试验田，是北京建设全国科技创新中心的重要载体，肩负着探索中国新型科技体制与运行机制的重任。作为重点园区中关村生命科学园内的科研机构，北生所的重要任务之一就是探索新的与国际接轨且符合中国发展形势的科研运作机制。

北生所作为全国科研机制创新的典型代表，在人员招聘、内部管理、工作考评以及保障服务等方面，突破现有体制机制的约束，大胆创新，取得了卓越的成绩，受到国内外同行的广泛认同。同时，北生所的创新科研机制对我国深化科技体制改革具有一定的启示作用。

2008年12月，由1名诺贝尔奖得主、6名美国科学院院士、2名英国皇家学会院士和1名法国国家科学院院士组成的国际科学指导委员会，在对北生所进行深入细致的实地考察之后，得出如下结论："北生所开展科学研究是成功的。世界上没有任何其他研究所能在如此短暂的时间里，在国际科研领域占据如此重要的位置。"2016年发布的《国务院关于印发北京加强全国科技创新中心建设总体方案的通知》明确指出："创新科研院所运行体制机制，推广北生所等管理模式。"①

第一，在人员招聘方面，北生所采取全球招聘制。北生所每年针对收到的简历进行 1～2 次客观的综合筛选，并对通过简历筛选的人员进行评审：聘请国内外专业人才组建招聘委员会，从应聘人员过去的学术成就、是否有遵循科学训练的严谨逻辑思维及对未来科研方向的判断三大方面进行综合考量，从而优中选优，选拔最优秀的高端专业人才成为北生所的 PI。

第二，在内部管理机制方面，北生所全面实行所长负责制，不定行政级别，不定编制人数。根据工作需要，所长可自主确定聘用研究人员的数量与职称。通过创新内部管理模式，北生所大幅度减少管理环节、管理人员，提高管理效率。

管理者的任务是协调和服务研究人员，实行制度化、层次化、模块化管理：按制度办事，减少人为因素，简化程序，减少矛盾；明确分工，各负其责，人人有权力，个个有责任，由所长负责推荐副所长、招聘实验室主任，副所长负责日常管理工作，实验室主任自主确定研究方向、聘用其他科研人员；按照技术模块成立辅助中心为研究人员提供技术服务，行政管理围绕科研工作着力解决科研人员后顾之忧，大型仪器设备统一购买、集中管理、共享共用。②

此外，北生所邀请国际著名专家组成科学指导委员会，提供学

---

① 张立鹏. 中关村生命园：创新生态样板 [J]. 投资北京，2016(12)：71-73.
② 王宏广，张文霞，樊立宏. 从北京生命科学研究所看基础研究科研机构的管理创新 [J]. 中国科技论坛，2013(6)：11-14+51.

术咨询与指导。科学指导委员会对北生所及其研究人员进行考核，在把握学术发展方向、评估研究工作、推荐优秀人才等方面发挥着重要作用。

第三，在经费管理、科研方向等方面，北生所实行特定拨款制度，经费支持长期稳定，按实验室包干使用，实验室主任自主确定研究方向。

北生所拥有长期稳定的支持政策和科研经费保障制度，研究经费主要由科技部按相关科技计划程序拨付，管理经费由北京市政府拨付。进入北生所的 PI 将得到 5 年稳定的科研支持，每个 PI 都对研究方向拥有自主权，并对实验团队和经费拥有充分的自我管理权利，例如自我调控实验设施费用和人员配备。长期稳定的经费支持方式，有效避免了多头申请经费、多头检查验收的问题，有利于招聘高端专业人才。

第四，在工作考评机制方面，北生所拥有严格的优胜劣汰考核机制。北生所对研究人员实行全员合同制，每五年进行一次考评，考评未通过者将被解除聘用合同。

北生所所长由理事会组织考评，研究室主任、辅助中心主任均由所长组织国际同行专家进行评审，研究室内部人员则由室主任进行考评。全员合同制的实施，从体制上保证了北生所能够裁掉"闲人"和"闲项目"，确保高水平研究人员的集聚，提高科研效率。同时，研究人员实行年薪制，年度考核不与工资、奖金挂钩，有效减少了攀比、浮躁现象的产生；不定级别、不设处室，在一定程度上避免了研究机构行政化的问题。

第五，在保障服务方面，北生所组建理事会提供保障服务。北生所筹建初期组建务实、高效的理事会，共同研究解决筹建工作和发展中的重大问题，保障北生所基础设施建设、人才招聘、研究等各项工作的顺利进行，为北生所的人才招聘与培养以及科研工作的稳步发展打下了基础。

北生所作为我国科技体制改革的试验田，其与国际接轨的管理体制以及政府"多支持、不干预"管理方式的成功实践，让研究所回归了科学研究本身。

自成立后至2007年，全国仅有的7篇发表在《细胞》《自然》及《科学》三大科学杂志上的论文，北生所占4篇；成立5年后，北生所就已在上述杂志上发表了16篇高水平文章。截至2020年4月，北生所以通讯作者单位发表SCI（科学引文索引）论文487篇，篇均影响因子10.9；在《细胞》《自然》《科学》杂志上共发表论文48篇。这说明北生所在生命科学研究领域占据了重要的席位。同时，这也证明了北生所科研机制创新的成功，为我国高校及科研院所进行科研机制改革、调动科研积极性、创造良好科研环境提供了有益的启示。

目前，北京脑科学与类脑研究中心、北京量子信息科学研究院等众多科研院所借鉴北生所的科研机制，实行理事会领导下的院长或主任负责制。全国部分高校也开始逐步推行比传统教研室制度更为灵活、更能调动内部成员积极性、效率更高的PI制。

北生所作为中关村生命科学园内科研机制创新的杰出代表，在创新科研机制的同时，继续优化基础研究与成果转化的结合、国外先进科技体制与中国国情的结合,以持续对我国高科技行业科研效率的提升和国家科技体制的改革做出贡献。

我国第一个以企业化方式运作的国家工程研究中心——生物芯片北京国家工程研究中心,于 2000 年 9 月 30 日在时任国务院总理朱镕基的批示下,得到国务院、国家发展改革委、科技部、教育部、卫生部和北京市领导的大力支持,以清华大学(控股 70%)为依托,联合华中科技大学、中国医学科学院、军事医学科学院注册成立。迄今,生物芯片北京国家工程研究中心在北京、上海、重庆、成都、东莞等地已经建有大型产业化基地,并形成了以北京博奥晶典生物技术有限公司(以下简称"博奥晶典",位于北京经济技术开发区)为核心的市场产业化平台。

博奥晶典以生物芯片为核心技术平台,拥有集研发、生产、销售以及全国第三方独立医学检验所的服务为一体的大医学完整产业链,并响应国家关于"预防为主"的卫生健康方针,将现代医学与中国传统医学紧密结合,通过对传统中医药进行工程化和科学化提升,打造出了集健康产品、健康管理和医疗康复于一体的大健康产业板块,形成全人全程的健康管理服务体系。

生物芯片北京国家工程研究中心"中心+企业"的运营机制,助力自身论文、专利等研究成果的转化。迄今为止,博奥晶典已在全球获得专利授权 370 余项,专利转化率近 50%,基本建成了集技术创新、成果转化、综合服务、人才培养于一体,具有国际水平的生物芯片研究、开发和产业化基地,该基地具备年产各类生物芯片配套仪器 300 多台和年产各类微阵列芯片 100 多万块的生产能力。

目前，生物芯片北京国家工程研究中心已有数十项成果进入国内外生物医药市场，建立起了基因、蛋白质、细胞和组织四位一体的系统化生物芯片技术服务平台，研制开发了具有自主知识产权和较强国际竞争力的系列产品。

生物芯片北京国家工程研究中心以充分论证专利是否具有实用性为原则，不仅注重专利数量，更看重专利质量。以耳聋基因检测芯片为代表，该芯片获得国家技术发明奖二等奖，是生物芯片北京国家工程研究中心核心技术应用的一个典范，这项技术正在向全世界推广。截至 2020 年 7 月，全国接受遗传性耳聋基因筛查的新生儿数量近 430 万，这也是迄今为止全世界规模最大的一次遗传性耳聋基因筛查。

2003 年，中国第一块专门用于 SARS 病毒检测的基因芯片就出自生物芯片北京国家工程研究中心研究团队。在 2019—2020 年新型冠状病毒肺炎疫情暴发期间，生物芯片北京国家工程研究中心再次发挥了重要作用。2019 年 12 月 30 日，博奥医学检验所检出第一例武汉新型冠状病毒，随后又陆续检出江西等地的阳性病例。科研团队仅用一周时间就成功研制出全球首款在 1.5 小时内能检测 6 种呼吸道病毒（含新型冠状病毒）的"呼吸道多病毒核酸检测芯片试剂盒"，并快速通过国家药监局应急审批批准和欧盟 CE（Communate Europeia，欧洲共同体）认证，实现对新冠肺炎患者的鉴别诊断、有效分流；该试剂盒结合此前已研制成功并获批的"呼吸道病原菌核酸检测芯片系统"，形成了"病毒＋细菌"全覆盖的呼吸道病原体多指标快速检测方案，成为救治重症和危重症患者的有力武器。同时，针对新发未知传染病，科研团队开发了基于二代测序、一次能在48小时内完成3万多种医学微生物基因分析的MAPMI系统。

此外，生物芯片北京国家工程研究中心作为全国生物芯片标准化委员会的主任委员和秘书处的承担单位，主导制定的14项国家标准、6项医药行业标准和1项检验检疫行业标准获得颁布。生物芯片北京国家工程研究中心以企业化方式运作国家级生物芯片工程研究中心，前瞻布局知识产权，有效地推动了研究成果的转化与应用。

## （四）产业溢出

"引进来"与"走出去"是中关村生命科学园加快国际合作步伐、提高园区企业科研水平的重要途径。从园区角度来说，中关村生命科学园发挥其品牌影响力，探索品牌输出、资源协同共享的发展路径，建立昌黎科创基地、满城科创基地，以自身管理运行经验，引领和带动区域的创新发展，形成以京津冀为核心，辐射带动全国的资源网络，促进京津冀区域生物医药产业的协同创新和共同发展。

在园区企业层面，截至2019年，中关村生命科学园共有528家企业，总部在园企业有401家，占园区企业总数的75.95%；园区企业共拥有分支机构159家，其中国内有分支机构144家，国外有分支机构15家。伴随园区企业的不断发展，产业规模、技术环节扩张需求增加，成果转化对生产空间的需求增加，这些因素促使园区企业通过对外投资等方式与其他企业发生联系，实现产业溢出。截至 2019 年，园区企业对外投资总额超过 1 057 亿元，相当于再造了一个北京生物医药行业（2018 年北京生物医药制造业产值为 1 129.6 亿元），产业溢出范围辐射全国各省市，其中北京、广东、上海三地占比达到 51%。另外，调查数据显示，2019 年近半园区企业有业务扩展需求。

园区企业在人才集聚和溢出、创新科研与运行机制输出、产业规模与业务溢出方面的作用日益显著，为我国生物医药行业的健康、有序、快速发展提供了持续动力。

## （五）构建新的全球产业竞争版图

一直以来，欧美国家因为主导着创新药物的生产、研发，所以享受着创新带来的超额垄断利润。我国生物医药企业多数以仿制药或"me-too""me-better"类的改良式新药生产为主，利润率低。

中关村生命科学园历经 20 年的发展形成的自主创新和原始创新能力，以及在参与国际创新合作中成长起来的熟悉国际产业标准和管控体系、国际商业行为准则的园区企业，将极大地改变这一局面，助力中国药企更广泛和更深入地融入全球创新网络，占据价值链高端，分享全球巨型市场中更大的份额。

例如，百济神州的生物药项目落户中新广州知识城，主要生产大分子单克隆抗体类抗癌药——PD-1 抑制剂 Tislelizumab（替雷利珠单抗），建设具有自主知识产权和美国专利的肿瘤治疗生物药品生产基地，占地 10 万平方米，总投资 22 亿元，2019 年实现试生产。根据弗若斯特沙利文咨询公司提供的报告，2017年，全球PD-1/PD-L1的市场销售额达到了101亿美元，成为历史上最快上市及最畅销的肿瘤药物之一。

报告预计，到2030年，全球PD-1/PD-L1的市场销售额将达到789亿美元。按照单个患者年度负担为100万元左右，加上百济神州招股说明书提供的数据，当前国内癌症发病总数为430万，十款PD-1/PD-L1药物应答肿瘤的发病数为300万，如此计算，仅此一项，我国市场的静态容量就有3万亿元之巨。

百济神州高级副总裁，全球研究、临床运营及生物统计暨亚太临床开发负责人汪来透露：百济神州现有超过60个进行中的临床试验，其中有26个是关键性或潜在的注册性临床试验，分布在30多个国家进行，到2020年年底临床试验项目数量还会增加。截至目前，百济神州已储备了10款处于临床阶段的管线产品。

又如，2018年12月，诺诚健华在广州建立新药生产基地，用于奥布替尼（ICP-022）、ICP-093的研发和生产，以及其他新药项目和国际新药合作项目的研发和生产，建成后预计产能将达到100亿元。

诺诚健华目前有10余款候选新药处于临床前阶段，预计每年将有2～3款新药产品进入研发管线。2019年5月，具有全球自主知识产权的1类创新药奥布替尼——用于治疗多种B细胞恶性肿瘤及自身免疫性疾病，通过美国食品药品监督管理局临床审评，成为诺诚健华首个在美国开展临床试验的创新药物。并且，该新药的上市申请已获得国家药监局受理，并纳入优先审评公示名单。

可以预计，随着我国生物医药产业自主创新能力的提升，全球产业竞争格局将被重构。

## 二、中关村生命科学园对京津冀生物医药产业发展的影响

中关村生命科学园是北京市通过发展高新技术优化调整产业结构的重要载体。在发展过程中，园区通过集聚生物医药领域基础研究项目、前沿技术研发企业以及生产、流通、服务等全过程产业环节，将生物医药产业从点式布局逐步发展成北京市高新技术支柱产业，并辐射带动京津冀生物医药产业创新协同发展。通过对北京市生物医药产业的引领与带动，中关村生命科学园在促进北京市"高精尖"产业格局形成以及产业结构优化升级方面做出了一定贡献。

### （一）集聚生物医药产业，促进北京"高精尖"产业格局构建

发展生物医药产业是北京市调整优化产业结构、构建"高精尖"产业格局的重要举措。

作为京津冀区域专业化生物医药园区，一方面，中关村生命科学园承接国家战略需求，聚集国家级生命科学基础研究重大项目、科研机构等，提供生命科学领域关键共性技术平台。

另一方面，中关村生命科学园在招商引资时吸引生物医药相关

企业，汇聚丰富产业资源，形成以基础研究为核心，从研发、中试、生产到临床应用的完整产业链。截至 2019 年年底，园区集聚 528 家企业，其中上市企业 24 家（含分支机构）、三资企业 53 家，建立了涵盖基础研究、技术开发、中试生产、销售流通、医疗保健等全过程的产业价值体系，促使北京市生物医药相关企业聚集，并形成了基于自主创新、原始创新的内生发展能力，成为北京市生物医药产业集聚和发展的重要凝聚核。

自 2006 年起，北京市医药制造业产值以较快速度增长，至 2018 年，年均增长率在 9.6% 以上，2007 年增长率高达 34.8%；医药制造业总产值由 2006 年的 150.1 亿元增长至 2018 年的 1 129.6 亿元（见图 5-2）。

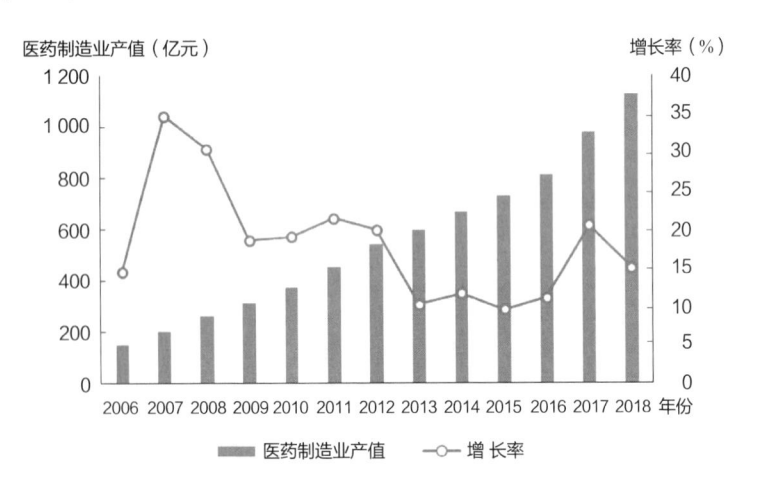

图 5-2　北京市医药制造业产值及增长率

资料来源：《2007—2019 年北京市统计年鉴》。

此外，医药制造业总产值在北京市规模以上工业总产值以及制造业总产值中所占的比重逐渐增加，医药制造业逐步由战略新兴产业发展成为支柱产业。医药制造业作为生物医药产业的主要领域之一，其产值在工业和制造业中所占比重逐年增长。2006年，医药制造业产值占制造业产值的比重为2.1%，在所有制造业中排在第11位，对工业产值的贡献度仅为1.5%；经过10年发展，到2016年，医药制造业产值在制造业中的排名升至第3位，与汽车制造业及计算机、通信和其他电子设备制造业成为北京制造业的支柱产业，对工业产值的贡献度提升至12.8%（见表5-2）。

表5-2 北京市医药制造业发展情况

| 年份 | 医药制造业产值（亿元） | 占工业产值的比重（%） | 占制造业产值的比重（%） | 在制造业中产值排名 | 对工业产值的贡献度（%） |
|---|---|---|---|---|---|
| 2006 | 150.1 | 1.8 | 2.1 | 11 | 1.5 |
| 2007 | 202.3 | 2.1 | 2.4 | 11 | 3.6 |
| 2008 | 263.9 | 2.5 | 3.0 | 10 | 8.1 |
| 2009 | 313.1 | 2.8 | 3.5 | 9 | 7.9 |
| 2010 | 372.8 | 2.7 | 3.6 | 7 | 2.2 |
| 2011 | 452.9 | 3.1 | 4.2 | 7 | 9.8 |
| 2012 | 543.3 | 3.5 | 4.9 | 5 | 8.4 |
| 2013 | 599.1 | 3.4 | 4.9 | 5 | 3.1 |
| 2014 | 669.0 | 3.6 | 5.1 | 4 | 6.5 |
| 2015 | 733.0 | 4.2 | 5.8 | 4 | — |
| 2016 | 814.4 | 4.5 | 6.2 | 3 | 12.8 |
| 2017 | 981.6 | 5.2 | 7.2 | 3 | 20.5 |
| 2018 | 1 129.6 | 5.9 | 8.5 | 3 | 47.4 |

注：2015年工业总产值增量为负，医药制造业产值增量为正。

资料来源：《2007—2019年北京市统计年鉴》。

进入"十三五"时期,北京生物医药产业发展再上新台阶。医药制造业产值在制造业中的排名稳定在第 3 位,超越石油、煤炭及其他燃料加工业与电气机械和器材制造业等重工业,成为北京市制造业的主导产业。2018 年,医药制造业产值对工业产值的贡献度达到 47.4%,为北京市的产业体系由传统工业向"高精尖"产业演变发挥了较大作用。

## (二)输出重大原创成果,引领京津冀生物医药产业创新发展

中关村生命科学园凭借其战略使命和高校人才集聚等社会资本优势,引领京津冀乃至全国生物医药产业的创新发展。

中关村生命科学园注重对本土原创型产业的培育,聚集了一批明星企业,产业链条初步形成;吸引国内外拥有领先技术和产品的生物医药企业入驻,持续涌现高端自主研发成果;助推了一批创新型明星企业的孵化和成长,进入成果转化关键时期。

中关村生命科学园加速优化和积累园区产业发展的关键要素,创建了一批特色产业优化服务内容,强化了自身业内领跑者和旗帜的地位(见表 5-3)。

中关村生命科学园注重园区企业研发创新能力的培养,入驻企业研发投入比处于行业领先水平。从 2014 年国内外生物健康领域研发投入对比分析来看,园区企业研发投入比为 10.6%,国内 67 家医药上市企业均值为 4.9%,国内生物制药均值为 8%,美国医药公司均值为 7.7%,园区企业研发投入比远远高于国内医药行

表 5-3　园区领先生物医药企业情况

| 部分重点入驻企业或项目名称 | 行业地位及突出能力 |
| --- | --- |
| 百济神州（北京）生物科技有限公司 | 以抗肿瘤药物研发为主。2019 年研发的 BTK 抑制剂泽布替尼（商品名 Brukinsa）胶囊上市，是美国食品药品监督管理局批准在美国上市的第一款完全由中国公司自主研发的抗癌新药，实现中国抗癌新药零的突破 |
| 华辉安健（北京）生物科技有限公司 | 聚焦肝癌和肝炎病毒及相关领域，以原始科学创新为基础，重点开发全新靶点和机制，具有全球自主知识产权创新药物 |
| 北京诺诚健华医药科技有限公司 | 专注于癌症及自身免疫性疾病两个具有重大市场机遇及协同效益的治疗领域 |
| 北京珅奥基医药科技有限公司 | 研发针对肿瘤干细胞靶向治疗的一类抗癌新药，其中部分已经进入临床试验阶段，市区两级政府推荐引入 |
| 北京合生基因科技有限公司 | 应用合成生物学做抗肿瘤的活体药物，是脓瘤病毒用于抗肿瘤领域走在全球最前沿的公司之一 |
| 维泰瑞隆 | 基于细胞程序性坏死机理，通过高通量筛选得到活性苗头化合物，再经过靶向确认、构效关系优化、药代动力学分析、疾病模型药效研究等一系列药物研发的过程，获得多个靶向细胞程序性坏死的新型抑制剂 |

资料来源：生命园公司。

业平均值，并高于生物医药国际领先国家水平，这说明园区企业具有较强的研发创新能力。

经过20年的发展，中关村生命科学园科技成就斐然，在一些基础研究领域取得关键突破，用一批科研成果填补了相关领域的国际空白，实现进口替代，对北京市乃至全国生物医药产业的创新发展起到了引领作用（见表5-4）。

表5-4 园区主要科技成就

| 科技成就类别 | 科研成果 |
| --- | --- |
| 承担重大研究课题和所获荣誉 | ■ 北大世佳承担的国家863计划重大专项研发课题，包括一类新药胡苷片、欣肝贴等均已进入临床阶段<br>■ 博晖创新承担"十二五"科技部重大仪器专项"微膜泵驱动核酸微全分析仪"的研制、863项目"医用ICP-MS人体微量元素分析系统"的研制<br>■ 金唯智受国家疾控中心委托，率先在国内完成了埃博拉病毒的关键基因合成<br>■ 扬子江药业北京海燕药业有限公司的苏黄止咳胶囊获中医药科学技术奖一等奖 |
| 实现的国际性科研突破 | ■ 北生所李文辉博士发现乙型和丁型肝炎病毒(HBV和HDV)的细胞受体是NTCP（钠-牛磺胆酸共转运多肽），解决了这一领域内长期的科学难题<br>■ 北京离子探针中心成功测定了月球岩石样品的U-Pb年龄，填补了相关领域的研究和技术空白<br>■ 诺禾致源与中科院合作，在国际上率先构建和分析了一年生野生大豆的泛基因组，是野生作物资源研究取得的重大突破 |

（续表）

| 科技成就类别 | 科研成果 |
| --- | --- |
| 参与制定国际或国家标准 | ■ 北京碧水源科技股份有限公司参与制定一体式膜生物反应器污水处理应用技术规程、膜生物法污水处理工程技术规范、环境保护产品技术要求中空纤维膜生物反应器组器3项国际标准<br>■ 扬子江药业北京海燕药业有限公司参与苏黄止咳胶囊质量标准的制定<br>■ 生物芯片北京国家工程研究中心主导制定的14项国家标准、6项医药行业标准和1项检验检疫行业标准获得颁布 |
| 领先的科技成果在园区转化 | ■ 万泰生物研发的世界上第一种戊肝疫苗成功获批上市<br>■ 百济神州与国际生物医药巨头德国默克签约，出让抗癌药物BeiGene-283和BeiGene-290国外市场的后续研发和销售权，转让金额累计达29亿元；2019年11月16日，自主研发药物BTK抑制剂泽布替尼通过美国食品药品监督管理局"优先审评"获准上市，另有多款自主研发的创新药物正在全球范围内开展Ⅱ期临床试验<br>■ 生物芯片北京国家工程研究中心研发的耳聋基因检测芯片应用于耳聋基因筛查；2003年研发出中国第一块专门用于SARS病毒检测的基因芯片；2019年新型冠状病毒肺炎疫情暴发期间研发出"呼吸道多病毒核酸检测芯片试剂盒" |

资料来源：公开数据整理。

## （三）推广园区品牌运营，带动京津冀生物医药产业协同发展

经过20年的发展，中关村生命科学园成为北京市生物医药产

业发展的代表，集聚高端前沿研发项目和企业，形成从基础研究到转化、流通，再到临床的产业闭环，拥有各类科研和产业服务平台（包括产业研究平台、创新创业平台、金融服务平台）及立体多元的科研和产业服务体系，为园区自主创新能力的培育提供有力的支撑，引领北京市生物医药产业的创新发展。

基于自身在北京乃至全国生物医药领域的重要地位及品牌影响力，中关村生命科学园积极开展对外合作与品牌输出，增强自身创新培育能力，促进京津冀生物医药产业创新协同发展。

生命园公司与河北省秦皇岛市昌黎县人民政府、金汇通投资控股有限公司签署三方协议，合作共建"中关村生命园昌黎科创基地"，首期项目已于2019年开工建设；与河北省保定市满城区政府合作启动了中关村生命科学园满城科创基地项目，以中试和生产为主，承接中关村生命科学园的研发创新成果。中关村生命科学园通过品牌输出，与满城科创基地形成互补联动发展、资源要素双向流动的产业发展模式，发挥各自优势，共同打造集生命科学研发、企业孵化、中试生产、成果转化、生物技术项目展示发布、金融中介服务、国际交流、生活商业于一体和公共设施配套完善的生命科学新城。

为提升园区国际化水平，中关村生命科学园与美国《科学》杂志开展战略合作，合作打造"科学·亚洲"品牌，举办生物医药先进技术学术峰会；依托《科学》杂志丰富的学术资源，邀请诺贝尔奖获得者等国际重量级嘉宾参与论坛交流合作，聚焦更多前沿领域，发挥中关村发展集团和生命科学园服务创新发展的使命，持续为培育重大科技创新和产业创新提供服务。

中关村生命科学园作为我国高科技园区创新生态建设的样板，是中关村国家自主创新示范区特色性最强、高端研发产业聚集度最高的生命科学专业园区，通过对外合作与品牌输出，促进国际创新要素的集聚，引领和带动区域的创新发展，形成以京津冀为核心，辐射带动全国的资源网络，实现京津冀区域生物医药产业的协同创新和共同发展。

## 03 第三部分
# 先进经验与新趋势

# 第六章

# 国内外产业园案例借鉴

为了透过纷繁复杂的表象认识到产业园运营的机理性规律，我们在深度解剖中关村生命科学园的基础上，进一步选取三个具有典型性和代表性的产业园作为案例，以求在不同中寻求共性规律。

本章将从国内外优秀产业园中甄选不同制度体系、不同管控模式、不同发展理念和路径、不同资源环境禀赋及资源整合能力的园区，作为典型园区，以情景还原的方式，将之置于长周期历史纵轴和当期横向竞争格局中解读，还原园区发展社会经济背景，对影响园区发展的要素进行机理性解读，避免单一剖面解读的片面性和随机性。

选取的三个产业园各具代表性：硅谷，几乎是所有产业园人心中的麦加，是产业园发展的理想蓝图，也是最成功、最具持续发展能力的创新系统，因此深度还原硅谷发展过程中各主体的适应性创新举措，解读硅谷成功秘诀，是所有产业园人都梦寐以求的；上海张江科技园，是与中关村生命科学园齐名的世界一流园区，采取了与中关村生命科学园完全不同的发展路径；东莞松山湖高科技产业园，是位于大都市边缘城市的高科技产业园，或许其在发展过程中面临的问题和挑战，更能代言更广大的二、三线城市的产业园发展。所以，本书选取这三个产业园作为案例，以求研究结论更具代表性。

## 一、美国硅谷

硅谷，是全球创新枢纽，被 KPCB（美国最大的风险基金）合伙人、知名创投人约翰·杜尔（John Doerr）誉为"地球历史上最大的合法财富创造"。历经百年的起伏跌宕，硅谷仍然保持着旺盛的生命力和创造力，是最富有持续发展能力的创新经济体。2017年，硅谷吸引的风险资金高达249亿美元（含旧金山市），占全美风险投资总额的38.9%。[1] 在1996—2016年的20年间，硅谷在通信业方面的专利授权增长10余倍，达5 149项，占全美的比例由6.3%上升至13.5%，比重上升了114%；如果把硅谷当作一个独立国家的话，那么它的经济收入在全世界可排第12位。[2] 自1965年以来在美国成立的全国大型高科技公司中，有1/3的企业坐落在硅谷，包括Adobe系统公司、半导体公司（AMD）、苹果、思科、亿贝、艺电公司（EA）、脸书、谷歌、惠普、英特尔、网飞、英伟达（Nvidia）、甲

---

[1] Joint Venture Silicon Valley. Silicon Valley index[R/OL]. [2020-01-02]. https://siliconvalleyindicators.org/special-reports/.
[2] the Silicon Valley Institute for Regional Studies. Silicon Valley indicators[EB/OL]. [2020-01-02]. https://siliconvalleyindicators.org/.

骨文（Oracle）、特斯拉（Tesla）、维萨（VISA）、雅虎等世界知名的顶尖跨国公司。[①]硅谷9万余美元的高人均收入，是美国平均水平的近两倍；11万余美元的户均家庭收入中位数，也是美国平均水平的近两倍。高收入、高就业机会吸引了世界各地的顶尖人才。

因此，硅谷对世界的影响早已超越经济层面，它已成为一个被世界各界人士，尤其是各级政府追逐、膜拜的"发展新范式"或"理想区域蓝图"，世界各地都在竞相模仿，希望在本地复制硅谷的成功经验，再造一个新硅谷。自20世纪80年代以后，波兰的"硅林"（Silicon Forest）、科罗拉多斯普林斯的"硅山"（Silicon Mountain）、新加坡的"硅岛"（Silicon Island）、曼哈顿的"硅巷"（Silicon Alley）、渥太华的"北方硅谷"（Silicon Valley North）、苏格兰的"硅格兰"（Silicon Glen）、爱尔兰的"硅沼泽"（Silicon Bog）和以色列的"硅溪"（Silicon Wadi）等，层出不穷。各地都按照硅谷为人熟知的"大学或研究所等创新锚+企业+金融"的核心要素配置资源，建构发展路径，可是结果却差强人意，迄今尚无一个达到硅谷的影响力，更遑论替代硅谷。

那么，硅谷究竟是一个普适的全球化区域发展模式，还是唯一的孤例？确切地说，硅谷发展背后的深层次机理是什么？

## （一）地缘竞争和政府采购催生硅谷

虽然硅谷已有100多年的历史，但现代意义上的硅谷则形成

---

[①] Kenji E. Kushida. A Strategic Overview of the Silicon Valley Ecosystem: Towards Effectively "Harnessing" Silicon Valley[R]. Shorenstein APARC Publications，2015.

于 20 世纪 40、50 年代，当时正是美国经济发展的黄金时期。二战后，美国确立了全球霸主的政治、经济地位，利用美元的全球地位，通过资本输出占领全球市场；同时，充分利用第三次科技革命的成果，大力发展高新技术产业，获取超额利润；在国内则借鉴罗斯福新政经验，国家适度干预国民经济发展，为经济发展创造良好的社会经济环境。此外，鉴于冷战思维，美国需要在传统的东部科技、经济发展中心之外，建设新的科技、经济中心和国防体系，因此美国西部、南部进入高速发展阶段。

硅谷早期的发展主要得益于国防军事的研究需求。军事方面的研究需求促进了斯坦福大学在电子学、加州贝克莱大学在高能物理学等领域的研究能力，并促成了国家政府实验室（斯坦福线性加速器实验室、劳伦斯伯克利和劳伦斯利弗莫尔国家实验室）的建设和发展。此外，冷战和空间竞争中政府在武器及航空方面的研究投入，可以被视为硅谷后续发展的科技创新产业集群的关键催化剂。

## （二）多维硅谷驱动机制

是什么机制成为推动硅谷持续创新的"扳机"，一直是各界研究的热点。

欧文（Owen D.）认为，始于 19 世纪 50 年代西部淘金潮中的个人主义、冒险文化产生了硅谷技术创新集群。[①] 但是，也有专家认为，冒险文化是硅谷文化的一部分，但不必然产生技术创新。例

---

① Owen D. Silicon Valley's secret ingredient[EB/OL]. [2020-02-10]. http://www.scribd.com/doc/42332545/Silicon-Valleys-Secret-Ingredient.

如，阿拉斯加及世界其他地方也有淘金潮，但并没有产生类似的创新集群。相反，同时期澳大利亚的淘金潮却更加强化了对权威的服从、伙伴合作情谊等文化。

保罗·克鲁格曼（Paul Krugman）则认为，是个人抱负驱动了硅谷的发展，"硅谷的发展，要归因于斯坦福大学副校长弗雷德里克·特曼（Frederick Terman）的个人远见。他对几个高科技企业的扶持，播下了硅谷高科技产业集群的种子。硅谷很好地诠释了什么叫路径依赖——历史偶然事件对区域发展路径的决定性影响"。但布什（Bush）认为，除了特曼因病需要回加利福尼亚州休养算一个小小的意外，特曼事件本身就不是偶然，而且特曼加入斯坦福大学后所推进的一切（创业化大学），当时已经在逐步的推进中。

另一个人们广为接受的对硅谷兴起的解释是"社会资本"。罗伯特·普特南（Robert D. Putnam）在他的《让民主政治运转起来》（Making Democracy Work）一书中将社会资本定义为："不同经济主体在本地复杂制度和文化演化中形成的信任关系。"这种信任关系建立在共同的历史经历中，并根植于本地社会，形成了普特南所描述的"市民参与网络"。[1]在这种高度本地化的市民参与网络中，人们相互熟知彼此及其家庭，形成了极其厚重而互动充分的"社会共同体"，商务关系就是建立在这样的社会共同体基础上的。但是，在硅谷这样的由陌生人组成的异质社会中，"社会资本"的定义完全不同：社会资本是不同的社会、经济主体在追求创新与竞争过程

---

[1] Robert D. Putnam. Making Democracy Work: Civic Traditions in Modern Italy[M]. Princeton: Princeton University Press，1993.

中形成的竞争或合作关系。当不同的主体为了一个共同的目标而聚集在一起时，他们就形成了一种网络链接，而这会成为后续创新活动中合作的基础。在其他地方备受关注的其他社会交往（比如酒吧里的非正式交流、保龄球联盟等——针对"独自去打保龄球"。该书认为硅谷的社会资本正在丧失，人们互动交往变弱，以至只能独自去打保龄球），则显得不是那么重要。

托斯丹·凡勃伦（Thorstein Veblen）用制度经济学的观点解释了硅谷的兴起。[1] 他认为，一个区域经济发展的关键在于，区域制度对市场变化的适应能力。他把经济发展类比为演化过程，在这个过程中，制度和产业结构是相互影响、相互作用的。既定的制度如果僵化不变，就会与变化的产业结构产生"摩擦"，此时区域管理者需对制度进行适应性调整，以响应市场变化，确保经济发展与产业结构的技术领先性。

马歇尔（Marshall）则用外部经济学的理论解释了"产业集群"。马歇尔认为，同一产业的不同企业集聚在同一地方，地域上的邻近性也会给企业带来利益。[2] 由于共同的供应网络、熟练技能的劳动力、利于知识传播的环境等，都会形成企业"外部规模经济"，从而实现企业的成本节约，提升企业竞争力。因此，同一产业的企业喜欢集聚在一起。

安娜利·萨克森宁（AnnaLee Saxenian）吸收了普特南、马歇尔

---

[1] Hodgson, G.M. Precursors of Modem Evolutionary Economics: Marx, Marshall, Veblen, and Schumpeter [M]. Ann Arbor: The University of Michigan Press, 2004.
[2] Alfred Marshall. Principles of Economics[M]. London: Macmillan and company, 1961.

和凡勃伦的理论要点，发展出"地方化的产业系统"理论来解释硅谷经济的发展。根据萨克森宁的理论，"地方化的产业系统"有三个基本属性：地方化的制度体系，基于企业相互关系的地方化的产业结构，企业内主导型的组织结构。而决定一个地方经济竞争力的，是这个地方的社会资本让本地产业结构、组织结构或制度体系变化的能力。

米勒（Miller）认为，是如表 6-1 所示的硅谷生态系统的关键特征的广泛应用，促进了硅谷成功。[①]

表 6-1 硅谷生态系统的关键特征

| 序号 | 特征 |
| --- | --- |
| 1 | 大公司与创业公司共生的系统 |
| 2 | 对成功的创业家和早期雇员的高额财务回报 |
| 3 | 创业不同阶段都能获取的世界顶级人力资源 |
| 4 | 商务设施（法律、财务和商务公司、导师等） |
| 5 | 对风投资金来说最具竞争力的市场 |
| 6 | 世界级的顶尖大学（研究所） |
| 7 | 围绕着顶尖大学的人力资源集群锚（因集聚而锚定） |
| 8 | 政府在改变技术创新轨迹和基础研究方面的广泛作用 |
| 9 | 具备高度竞争力的企业 |
| 10 | 在"开放创新"和保守秘密间的平衡 |
| 11 | 在"开放创新"和知识产权保护间的平衡 |
| 12 | "技术泵"对世界各地顶级人力资源的吸引力 |
| 13 | 所有层级管理和技术人员的高流动性 |
| 14 | 接受失败的文化 |

---

① C. M Lee, et al. The Silicon Valley Edge: A Habitat for Innovation and Entrepreneurship[M]. California: Stanford University Press, 2000.

如果说上述理论都只是从某个侧面说明了硅谷发展的动力机制，那么"全球创新集聚"理论则对硅谷的兴起、持续发展做出了系统的说明。2009年，恩格尔（Engel）和德尔帕拉西（del-Palacio）延展了波特的"产业集聚"理论，认为产业集群不仅仅是同一产业的专业集聚，而且是考虑到集群各主体的发展阶段和创新活动的"创新系统"。硅谷创新系统由下列核心主体集聚而成：创业企业、风险投资机构、成熟企业和战略投资者、学校、政府、研发中心及专业化的服务和管理机构（见图6-1）。他们在下述有利于发展高潜力产业的环境中，表现出了强烈的合作互动关系：高度流动性的资源（主要是人力、资本和信息，包括知识产权），持续创业的精神（不受现有资源限制去追逐商业机会），加速的商业发展，战略性的全球眼光，多赢的交易结构及文化，促进合作的激励机制和目标设定，等等。因此，创新系统的创新活力，由创新环境下创新主体间相互作用的能力决定。

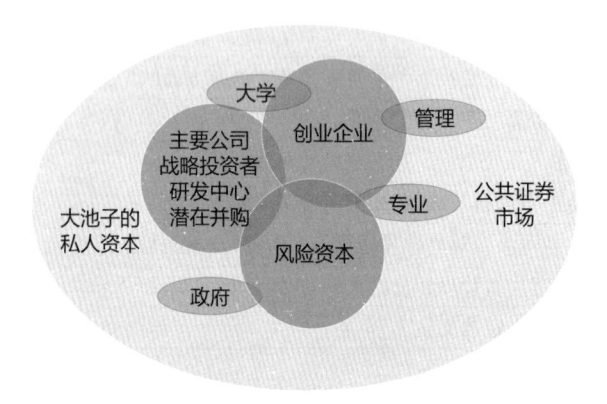

图6-1 创新系统的创新引擎

## （三）硅谷各创新主体的适应性发展

### 1. 创新锚

在所有模仿者的理论里，富有活力的高技术区都有成功的模板——人才集聚、创业文化、支持高技术和创业的制度环境等，他们只要成功创建了这些要素，就有可能成功创建下一个硅谷。而其中，最关键、最能激发区域创新和发展活力的就是各类"创新锚"——研究性大学或科研院所。

硅谷的发展经验似乎验证了这一点。斯坦福大学作为"创业型大学"的典范，很早就提出"创建为经济和产业服务的研究性大学"的转型方向，并通过三项制度创新实现"向产业延展"计划，构建"创业型大学"。[①] 第一，创建"斯坦福研究学院"（SRI）。斯坦福研究学院最初是为执行政府支持的研究而成立的，但后期致力于促进政府、大学机构与私人高科技企业之间的合作关系，帮助西海岸的高科技企业获取政府合同。第二，通过"荣誉合作项目"，将斯坦福大学工程学院的教室向合作企业开放，允许合作企业员工加入斯坦福大学的研究生课程学习。第三，创建斯坦福科技园。这些举措都有效地促进了公共、私人机构及大学、政府和企业间的合作，从而构建了硅谷的创新网络。最新研究显示，即使扣除掉惠普（硅谷最大的内生企业）的影响，1980—1990 年，硅谷一半的公司收入都来自斯坦福大学学生或教授创建的公司，或者利用了源自斯

---

① Stephen S. Cohen, Gary Fields. Social Capital and Capital Gains, or Virtual Bowling in Silicon Valley[J]. University of California, Berkeley：working paper，1998.

坦福大学的技术的公司，而湾区近 2 000 家高科技企业都是由斯坦福校友或职员创办的。

但是，需要注意的是，这种由大学基础研究向产业化、商业化转化是需要周期的，也需要合适的组织和制度安排。深度研究表明，在硅谷的主要形成期（1940—1960 年），除了惠普等三家企业，斯坦福大学的"向产业延展计划"几乎都是与总部设立在区外的已建成企业合作；1960—1969 年创建的 243 家初创公司，只有 6 家的创始人来自斯坦福；直到 1980 年，斯坦福大学的教授和学生才陆续创建了几百家企业，也是直到 1980 年斯坦福大学的学生毕业后留在硅谷而不是去东部工作才成为一种默认选项。

因此，目前硅谷的大学也在进一步转型，用恩格尔的话来说，就是"大学正从简单的专利许可模式转向风投模式"，即大学已经不满足于做简单的知识产权提供者，开始更积极地建立创业者与风投和其他各类投资者的关系，或者自己作为投资者积极推动科技创新的商业化和产业化等。

为了吸引最富前景的创业者，许多大学开始"跳出盒子"为学生争取更多来自不同项目的要约。大学通过多个战略组合，打造创业友好的环境：第一，在许多学科中（包括工程学、药学和新闻学等）将创业和经营管理纳入核心课程；第二，允许学生通过在创业企业或风险投资公司工作获得相关经历；第三，通过实践，培训学生资金募集这一最困难但对创业最重要的能力；第四，企业的成功经营需要来自不同背景和能力结构的人，因此学校开设跨专业课程，吸收来自工程学、药学、法律或商学的学生共同开发一个项目。此外，大学还通过一些专门的举措来促进大学与未来创业家之间的关系：商业/精益计划竞赛或奖励；跨学科项目研究；建设孵化器或加速器；其他促进科学创新商业化的计划（如国家创新公司计划 i-corps）。同时，大学还发起多项风投资金的募集，由此建立起与其他投资机构、法律等服务机构更紧密的连接，从而为学校投资的企业提供更全面的服务和支持。

作为学校技术转移和许可的重要机构，OTL（offices of technology license，技术许可办公室）也正在变得越来越"创业者友好"。在2008年以前，OTL很少将"与大学相关的溢出公司的创建"和"技术转移至初创公司"这两个指标作为关键考核指标，但现在已把这两个指标纳入每年的工作报告。

可以预见，这些举措将极大促进大学或研究所研究成果的转移和转化，带来新的创业高峰。

## 2. 大小企业共生系统

硅谷一直以来以其活跃的、基数庞大的、生机勃勃的创新型企业而著称，被视为创业企业的福地。统计数据显示，硅谷企业一直保持着旺盛的活跃度。1995—2014年，硅谷（仅有圣克拉拉和圣马特奥的数据）净新增企业5 000多家，每年新开业企业近2万家，倒闭企业1万余家（见表6-2）。[①]

---

[①] Kenji E. Kushida. A Strategic Overview of the Silicon Valley Ecosystem: Towards Effectively "Harnessing" Silicon Valley[R]. Shorenstein APARC Publications，2015.

表 6-2　1995—2014 年硅谷企业增减情况（家）

| 年份 | 新开的企业（家） | 迁进来的企业（家） | 倒闭的企业（家） | 搬出去的企业（家） | 净新增企业（家） |
| --- | --- | --- | --- | --- | --- |
| 1995 | 998 | 30 | 1 453 | 43 | 468 |
| 1996 | 1 064 | 37 | 764 | 41 | 296 |
| 1997 | 1 562 | 31 | 943 | 44 | 606 |
| 1998 | 1 070 | 34 | 868 | 53 | 182 |
| 1999 | 1 267 | 34 | 879 | 53 | 370 |
| 2000 | 1 024 | 28 | 1 017 | 48 | 13 |
| 2001 | 1 612 | 43 | 950 | 74 | 632 |
| 2002 | 2 779 | 46 | 1 070 | 106 | 1 648 |
| 2003 | 2 100 | 49 | 1 072 | 81 | 997 |
| 2004 | 1 264 | 60 | 1 022 | 95 | 207 |
| 2005 | 1 770 | 68 | 1 086 | 102 | 650 |
| 2006 | 2 288 | 49 | 1 326 | 72 | 940 |
| 2007 | 1 413 | 51 | 921 | 50 | 494 |
| 2008 | 1 997 | 42 | 618 | 48 | 1 374 |
| 2009 | 3 069 | 43 | 642 | 51 | 2 419 |
| 2010 | 1 979 | 81 | 4 580 | 90 | 2 609 |
| 2011 | 5 831 | 71 | 1 235 | 80 | 4 587 |
| 2012 | 3 210 | 75 | 2 469 | 72 | 744 |
| 2013 | 1 449 | 81 | 2 313 | 82 | 865 |
| 2014 | 1 403 | 63 | 3 028 | 71 | 1 633 |
| 合计 | 39 149 | 1 016 | 28 253 | 1 355 | 10 556 |
| 年平均 | 19 574.4 | 507.9 | 14 126.5 | 677.6 | 5 278.2 |

同时，大企业（无论是总部在东部或世界其他各地的大企业，还是硅谷内生的、近几十年发展起来的大企业）为硅谷的发展提供了强力的支持，实现了创业环境的良性运转：大企业内部的研发机构、实验室研制的产品，是硅谷创业企业创业的重要知识和技术来源；同时，大企业还是创业企业产品和服务的重要买家；大企业对创业企业的整体并购，正成为创业企业退出的重要通道，有利于风险投资的顺利退出、回收，保证风投资金的持续增值和闭环运营；创业者获取高额回报，开启新的创业周期，或者成为天使、风险投资人（见表6-3）。①

表6-3 1985—2013年硅谷通过企业并购退出的创业企业情况

| 年份 | 成交数量（个） | 成交额（百万美元） | 平均退出时间（年） |
| --- | --- | --- | --- |
| 1985 | 7 | 300.2 | 7.0 |
| 1986 | 8 | 63.4 | 3.4 |
| 1987 | 11 | 667.2 | 4.9 |
| 1988 | 17 | 920.7 | 4.7 |
| 1989 | 21 | 746.9 | 4.3 |
| 1990 | 19 | 120.3 | 5.8 |
| 1991 | 16 | 190.5 | 6.0 |
| 1992 | 69 | 2 119.1 | 4.7 |
| 1993 | 59 | 1 332.9 | 5.8 |
| 1994 | 84 | 3 208.4 | 5.3 |

---

① Kenji E. Kushida. A Strategic Overview of the Silicon Valley Ecosystem: Towards Effectively "Harnessing" Silicon Valley[R]. Shorenstein APARC Publications, 2015.

（续表）

| 年份 | 成交数量（个） | 成交额（百万美元） | 平均退出时间（年） |
|---|---|---|---|
| 1995 | 92 | 3 801.8 | 4.6 |
| 1996 | 108 | 8 230.8 | 5.2 |
| 1997 | 145 | 7 798.0 | 4.5 |
| 1998 | 189 | 8 002.0 | 4.5 |
| 1999 | 228 | 38 710.6 | 3.6 |
| 2000 | 379 | 79 996.4 | 3.2 |
| 2001 | 384 | 25 115.6 | 3.0 |
| 2002 | 365 | 11 913.2 | 3.5 |
| 2003 | 323 | 8 240.8 | 4.3 |
| 2004 | 402 | 28 846.1 | 5.0 |
| 2005 | 446 | 19 717.3 | 5.4 |
| 2006 | 484 | 24 291.0 | 5.7 |
| 2007 | 488 | 30 745.5 | 5.8 |
| 2008 | 417 | 16 236.9 | 5.8 |
| 2009 | 351 | 12 364.9 | 5.7 |
| 2010 | 523 | 17 707.3 | 5.8 |
| 2011 | 490 | 24 093.2 | 5.8 |
| 2012 | 473 | 22 694.2 | 6.2 |
| 2013 | 376 | 16 586.5 | 5.9 |

### 3. 风险投资资金

风险投资资金的充裕度是创新系统竞争力的核心要素。硅谷一直保持着对风险投资资金的强劲吸引力：2000—2017年，硅谷吸引的风险投资资金始终占全美风险投资三成以上；2017年为249亿美元，占全美风险投资金额的38.9%。

近年来，硅谷的风险投资呈现如下三个特点：

- 天使等早期投资机构化。这使得风险投资人可以为投资企业提供更系统、全面和专业化的辅导，链接更多的资源助力企业发展，但是否会造成融资企业门槛提升、投资决策过程灵活性下降、早期风险投资的意义丧失等负面影响，尚有待验证。
- 风险投资资金多元化。部分传统企业如7-11、宝洁等成立公司风险基金，改变了以职业风险投资基金人、行业技术专家、连续创业者等为主体的风险投资资金。这将在一定程度上改变风险投资格局，目前有机构质疑其负面影响，但仍需较长周期来验证。
- 风险投资呈现"头大身子小"的格局。统计2009—2013年风险投资在不同阶段的投资，我们发现："种子期和早期"投资占全部投资额的比例由27.33%提升至40.8%；而扩张期投资占比由37.68%下降至31.1%，下降6.58个百分点；后期投资占比也由34.99%下降至28.1%，下降6.89个百分点。[①] 由于扩张期这一企业发展的"死亡高峰期"得到的支持相对较小，扩张期成了"死亡谷"，后期可购买标的也相对较少。这对创新系统的良性循环造成了一定影响。

---

① Kenji E. Kushida. A Strategic Overview of the Silicon Valley Ecosystem: Towards Effectively "Harnessing" Silicon Valley[R]. Shorenstein APARC Publications, 2015.

### 4. 政府

政府作为买家，是硅谷早期发展的关键驱动力。截至 2000 年，硅谷都是政府国防采购合同的最大受益者，采购金额是全国平均水平的 4 倍，是洛杉矶（美国另一个军民合作的焦点城市）每个工人合同金额的 2 倍。

同时，受罗斯福新政的影响，制度经济学在硅谷发展的多数时间内发挥着较大的作用。政府（主要是联邦政府）通过关键制度的设立和调整，为区域发展营造了良好的产业环境，有效地促进了相关产业的发展。

（1）《拜杜法案》

《拜杜法案》（Bayh-Dole Act）由美国国会参议员伯奇·拜尔（Birch Bayh）和罗伯特·杜尔（Robert Dole）提出，1980 年由国会通过，1984 年又进行了修改，后被纳入美国法典第 35 编(《专利法》)第 18 章，标题为"联邦资助所完成发明的专利权"。《拜杜法案》被《经济学人》杂志评为美国过去 50 年最具激励性的一部法案。

在《拜杜法案》制定之前，由政府资助的科研项目产生的专利权一直由政府拥有，复杂的审批程序导致政府资助项目的专利技术很少向私人部门转移。截至 1980 年，联邦政府持有近 2.8 万项专利，但只有不到 5% 的专利技术被转移到工业界进行商业化。很多人认为，政府资助产生的发明被"束之高阁"的原因在于该发明的权利没有进行有效的配置：政府拥有权利，但没有动力和能力进行商业化；私人部门有动力和能力进行商业化，但没有权利。

《拜杜法案》使私人部门享有联邦资助科研成果的专利权成为可能，从而产生了促进科研成果转化的强大动力。该法案的成功之处在于：通过合理的制度安排，为政府、科研机构、产业界三方合作，共同致力于政府资助科研成果的商业运用提供了有效的制度激励，由此加快了技术创新成果产业化的步伐，使得美国在全球竞争中能够继续维持其技术优势，促进了经济繁荣。在《拜杜法案》公布之后，美国的科技成果转化率从 1978 年的 5% 在短期内翻了 10 倍，美国在 10 年之内重新回到了世界科技的领导地位。

（2）《雇员退休收入保障法》

1978 年，美国劳工部对 1974 年颁布的《雇员退休收入保障法》（Employee Retirement Income Security Act，简称 ERISA）中关于养老基金经理人的"审慎人原则"做了解释，允许养老基金经理人把庞大基金的一小部分投资于传统高安全级别证券之外的其他"选择性资产"（包括风险投资）。这改变了过去风险投资以私人资金为主的格局，极大地扩展了风险资金的来源范畴。大部分新增的风险资本来自养老基金等机构投资者。

同年，投资收益所得税由 49% 降低到 28%，并在 1981 年进一步降低到 20%，这大大激发了人们参与风险投资的热情。

这两件事被视为拓宽风险资本来源的重要法律事件。1978 年，新增加的风险资本达到当时创纪录的 6 亿美元，这相当于之前 9 年风险资本的总和。

（3）《加州商业和职业条例》

《加州商业和职业条例》（California Business and Professions

Code）第 16600 款明确规定：限制某人进行合法的工作、贸易或商务活动的合约都为无效。[1]这一条款被视为保证硅谷人员充裕的流动性，从而实现知识外溢、促成集聚、最终在与波士顿 128 公路竞争中制胜的核心原因。

（4）《通信规范法案》(CDA) 和《千禧年数字版权法》(DMCA)

克林顿政府发布了一份白皮书，概括了其对于"全球电子商务"的愿景。在发布这份报告时，克林顿总统有先见之明地指出："政府在电子商务增长方面大有可为。它们的行动既可促进也可抑制电子贸易。"这份报告总结道："为了反映新电子时代的需求，可能阻碍电子商务发展的现有法律法规需要被评估、修改乃至废除。"更为重要的是，该报告宣布了政府允许企业自规制的承诺：第一条原则是"私人部门将主导规则的制定"；第二条原则是"政府应该避免对电子商务进行不恰当的过多限制"。国会制定了一系列法案应对互联网的兴起，这些法案一起巩固了有利于互联网服务业发展的法律基础。其中，最为关键的是《通信规范法案》和《千禧年数字版权法》两部法案。[2]

《通信规范法案》规定向 18 岁以下人员播放色情或猥亵材料是犯罪行为，除非相关网站已经采取了恰当的措施限制未成年人观看，例如通过具有年龄验证功能的信用卡。隐藏在这部法案中的关键条款是第 230 条，作为"保护屏蔽和审查违法内容的'善良的撒

---

[1] California Business and Professions Code Section 16600[EB/OL]. [2020-02-02]. https://law.onecle.com/california/business/16600.html.
[2] Chander, Anupam. How Law Made Silicon Valley[J]. Emory Law Journal, 2014.

玛利亚'行为"条款的子条款（第 230 条的豁免规定并不实际要求伴随着好人撒玛利亚行为），国会宣布不得将在线服务提供者视为他们未参与的内容生产的出版者。正如法院所解释的那样，该条款在很大程度上豁免了在线服务提供者对那些利用他们的服务进行侵权行为的次要责任。国会认为这种区别对待的基础在于："互联网和其他交互式计算机服务为不同的政治话语提供了一个论坛，为文化发展提供了独特的机遇，同时为智力创造活动提供了多样化路径。"此外，国会寻求"保护互联网和其他交互式计算机服务现有的充满活力和竞争力的自由市场，为它们解除联邦或州法律的枷锁"。法院对第 230 条的规定进行了宽泛的解释，并广义定义了"交互式计算机服务"，使其覆盖了大量州和联邦的案件（但是根据条款内容排除了知识产权案件）。更重要的是，法院不仅排除了网站作为出版者的责任，而且剔除了其作为传播者的责任。

《通信规范法案》第 230 条将网络企业与联邦或州的各类成文法和普通法隔离开了。这些法律包括《联邦公平住房法案》、1964 年《民权法案》第二部分、《华盛顿州消费者保护法案》以及一些普通法规定，例如侵犯隐私权、过失行为、不正当干扰商业关系。但《通信规范法案》第 230 条并不是万能的——尽管《通信规范法案》第 230 条能够使网站豁免于大量因用户行为而引起的诉讼，但该法案明确将知识产权诉讼排除在外。这意味着任何汇集用户生产内容的网站仍然可能因版权或商标相关纠纷而承担责任。

1998 年，美国版权行业和信息产业达成相互谅解，这反映在一系列复杂的避风港（safe harbors）规则中。在此规则下，互联网企业可寻求避免版权侵权责任的保护。通过《千禧年数字版权法》，国会试图解决数字环境对受版权保护作品的影响：禁止规避版权保护的技术措施（第一条，1998年《世界知识产权组织表演和录音制品条约》）；保护遵守特定版权政策的企业免受侵权责任追究（第二条，《在线版权侵权责任法案》）。尽管《千禧年数字版权法》因其第一条，即认定DVD电影中存在的技术规避措施为非法而广为人知，但其第二条却为互联网企业免除版权侵权责任设立了避风港规则。《在线版权侵权责任法案》为商业企业规定四类避风港：其一为将互联网接入家中的企业，其二为对互联网传输数据进行临时复制的企业，其三为对他人提供的网络数据提供存储服务的企业，其四为互联网搜索引擎。最后两类避风港对硅谷企业尤其重要。《在线版权侵权责任法案》标志着硅谷的一项重大成就，即设立了保护 Web 2.0 企业繁荣发展的规则，使其免于承担过重的版权管理成本或者较高的责任风险，从而极大地促进了硅谷互联网企业的发展和繁荣。

（5）创新土地管制办法

硅谷地区采用基于形态的功能区划体系，放宽了功能的准入机制，从而为功能复合、研发空间以及新功能的诞生预留了很大弹性；同时，提高了土地利用分区的用地兼容性，为科技创新产业提供全方位便利。[①]

美国区划采用刚性的规划基底区与弹性的混合叠加区结合的方

---

① 陈鑫，沈高洁，杜凤姣. 基于科技创新视角的美国硅谷地区空间布局与规划管控研究[J]. 上海城市规划，2015(2)：21-27.

式对土地进行分区控制,其中规划基底区对土地进行全覆盖,而混合叠加区仅覆盖特定区域。不同地方政府对规划基底区与混合叠加区的设置有所不同。

混合叠加区并非提出独立的开发管理规则,而是在规划基底区的基础上提出额外的开放规则或限制规则。规划部门会定期对重要地段进行评估,根据需要调整混合叠加区,以降低空置率,适应市场需求。例如,帕罗奥图中心区大学街周边以及斯坦福科研园是硅谷最为活跃的地区之一,混合叠加区的设立为提升城市中心的活力做出了突出贡献。部分被划定为中心商业区(CD-C)的地块,叠加人行商业混合区(P)以限制机动交通进入,使大学街成为步行街,激发街道空间的公共活动功能。

此外,还有一类特殊基底区区别于以功能为主划分的规划基底区。特殊基底区通常为某一特定区域,规划部门根据该区域的特殊情况实行规划管控,不受其他基本用途分区的规则限制。例如,斯坦福大学位于圣克拉拉郡管辖范围内的大部分区域被划分为一般用途区(A1)和开放空间与野外考察区(OS/F)。其中一般用途区具有较高的用地兼容性,斯坦福大学可根据需求在其中设置教育、研发办公、公共设施等多种用途,为科技创新提供机会。开放空间与野外考察区主要为大学科研提供户外场地,以排除创新研发与乡村基底区的互相干扰。

硅谷各地方政府在保证区划基本框架与控制要素的同时,设置了一些与创新相关的弹性分区,在该类区域放宽了功能的准入机制,从而为功能复合、研发空间以及新功能的诞生预留了很大的弹性。规划社区（Planning Community District）是帕罗奥图区划中规划基底区的一种，为满足用地的过渡性与灵活性而设立。在经过相应的规划许可后，规划社区内可设置几乎所有土地用途，尤其是各类新型用途，如公交导向的居住用地等。基于该规划基底区的较大弹性，规划社区成为很好的过渡性基底区，为城市中心地区相关创新产业的发展预留了足够的空间。当原有用地分区弹性不足，限制了创新产业发展时，规划部门可将其变更为规划社区以利于各种土地用途的混合；当对用地有了具体的规划与设想后，规划部门同样可对该区域进行变更。

硅谷各地方政府区划均对土地用途进行分类，其规划管控的基本思路是，将各类用途通过不同程度的许可后布局在上述各土地利用分区内。一般来说，许可模式包含以下三种：明确规定不需要经过规划，自由裁量；需要经过一定的评审程序或获得相应许可证；明确规定不给予许可。结合上述土地利用分区可知，硅谷区划在一些特定的土地利用分区中给予了相对较大的用地兼容性，比如研究园区（RP）等，从而加强了地区产业与服务协作，激发创新活力。

（6）《Tenderloin 中央街区薪资税豁免法》

《Tenderloin 中央街区薪资税豁免法》( the Central Market–Tenderloin Area Payroll Expense Tax Exclusion )，是旧金山市政府为了振兴旧金山城市中心、留住高科技企业而推出的税收优惠。对迁入临近格洛希金融区（Glossier Financial District）的城市老中心、肮脏又破旧的 Tenderloin 街区的高科技企业，只要企业与社区达成了"社区收益协议"（有一部分能让所在街区受益的举措，包括财务捐献、就业岗位提供、弱势人群扶持计划等），政府就将免征企业新增聘请人员的薪资税。由于推特是该计划的第一个受惠者，因此该计划又叫"Twitter Tax Break"（推特税收减免法）。这个项目效果卓越，先后吸引了很多高科技企业入驻该街区。

### 5. 其他创新主体

此外，硅谷的法律、商务、财务等专业服务水平发达。据统计，硅谷每2个工程师中就有1个专业服务人员。2017年硅谷的数据表明，专业服务人员的比重进一步提升，与工程师的比值为1∶1.6（见表6-4）。[①, ②]

表6-4　2017年硅谷分类工作比例

| 工作分类 | 工作比例（%） |
| --- | --- |
| 其他 | 5.2 |
| 其他制造业 | 3.5 |
| 专业服务业 | 16.1 |
| 创新和信息产业 | 25.7 |
| 社区服务业 | 49.4 |

此外，硅谷的孵化器、加速器也得到了长足的发展。2007年，

---

① Joint Venture Silicon Valley. Silicon Valley index[R]. Silicon Valley Community Foundation，2018.
② the Silicon Valley Institute for Regional Studies. Silicon Valley indicators[EB/OL]. [2020-01-02]. https://siliconvalleyindicators.org/.

全美国还只有 2 家加速器，到 2014 年就快速增长到了 170 家，呈指数级增长。领先性加速器给企业提供的服务不仅包括资金支持，还包括训练企业更有效地获取更强力的资源。用 Keiretsu Forum（世界上最大的天使投资机构）国际部总裁伊格尔哈特（J. Iglehart）的话来说："孵化器和加速器能帮助创业者向投资者提交一份更好的答卷。"

## （四）硅谷经验总结

### 1. 适应性发展的主体

硅谷区域的发展就是一部相关主体与制度环境相互适应、相互影响、共同发展的历史。我们可以看到，硅谷创新系统的各个主体，包括学校（科研院所）、创新性企业和成熟企业、各类机构和个人投资者、孵化器和加速器、各类专业服务机构等，都在持续创新发展，以更好地适应变化的市场需求。同时，政府也在持续进行制度创新和优化，为经济主体创造更好的创新和产业化环境，更好地应对国内外竞争和市场需求变化，提升区域整体竞争力。

### 2. 网络化全球开放创新系统

传统的创新机制是"大学或研究机构创造知识，企业产业化和商品化知识，形成产品和服务"的单向线形创新传递机制。这种创新机制相对脆弱，且对大学、科研院所等尖端资源的依赖度高。硅谷经过多年发展，已经形成多主体、多层次的网络化开放创新系统。其中，大学（研究所）、在东、南亚的 CRO 企业、大企业内部研发中心、创业型企业等，形成了多层次、多主体的网络化创新体系。大型企业的发展，更使硅谷建立起全球化的开放创新系统。

我们认为，国际商用机器公司（IBM）、美国电话电报公司（AT&T）的分拆、业务整合，不是简单的企业个例，而是企业在经济学家威廉·拉佐尼克（William Lazonick）所描述的由旧经济商业模式向新经济商业模式转变过程中的必然选择（见表6-5）。[1] 这种变化必然会催生更加开放的创新系统。在传统创新系统中，基础研究、应用研究、产品开发和商业化都是在公司内部进行的，开放创新系统将打破公司的边界，公司将越来越倾向于从公司外部获取技术和知识，也更加关注将公司内部已有的知识和技术孵化出来。正如理查德·达舍（Richard Dasher）所言，基础研究中大学－多家公司联合体的形式越来越多，而应用研究中公司自主的风投基金将占据越来越重要的位置，购买技术许可的公司或初创公司越来越多，企业并购成为越来越重要的技术创新商业化过程。

---

[1] William Lazonick. The New Economy Business Model and the Crisis of U.S. Capitalism[J]. Capitalism and Society, 2009, 4(2): 1-70.

表6-5 新旧经济商务模式区别

| 项目 | 旧经济商业模式 | 新经济商业模式 |
|---|---|---|
| 战略,产品 | 通过内部能力实现发展;利用相关技术扩展新的产品市场;通过地理扩张实现市场进入 | 通过建立新公司进入新的专业市场;通过购买年轻公司积累能力 |
| 战略,过程 | 公司内部自建研发实验室;研发和专利授权;国内外的垂直分工 | 基于开放系统的横向许可;价值链垂直专业化分工;外包和离岸外包 |
| 财务 | 资金来自个人、家庭或商业伙伴;稳定分红;来自股票的收益;纽约证券上市 | 机构化的风投;纳斯达克上市;较低或没有分红;待公司并购后的收益 |
| 组织 | 稳定的雇佣关系;一辈子一个职业;时薪或周薪;固定的福利;联盟 | 不稳定的雇佣关系;劳动力在企业间高度流动;不结盟 |

### 3. 积极参与国际分工

硅谷的企业,即使是初创期的企业,也都是从全球配置资源(包括人力、资金和研发资源等)的,而且以全球市场需求为潜在商机。

大企业的商业化程度则更高。据不完全统计,硅谷大型企业的商品和服务在国际市场的占有率低则40%多,高(高通)则达90%以上。

### 4. 兼具本地基础与核心能力演变的产业发展

硅谷的产业是在本地基础、核心能力演变和国内外市场充分竞争的基础上自然演化而成的,没有专门进行产业准入门槛设定或顶层规划。比如最早的斯坦福科技园,虽然是当时美国国内50多个产业园中唯一确定以"以研究为基础的产业"为主要服务对象的园区，但真正在招商中，仅仅要求入园企业所需用地不低于1英亩，遵守帕罗奥图市"轻工业制造"的限定，不能是"大烟囱"工业。因此，早期的入园企业属性混杂，既有本地成长的企业（如惠普），也有外地高技术企业的分支（如通用、贝克曼仪器等），还有出版社的分支机构。后期，随着斯坦福大学、贝克莱大学的工程、电子、生物等学科的强势地位确立以及国内外市场变化，硅谷才逐渐演化出微电子、半导体、计算机、互联网、生物医药等产业集群。

## （五）硅谷发展中的教训

硅谷正经历蓬勃的发展，很多指标都恢复到2008年经济危机前的较好水平。但同时，"逃离硅谷"的声音也正越来越响亮（见图6-2、表6-6）。2017—2018年，硅谷人口净迁出最大。[1]

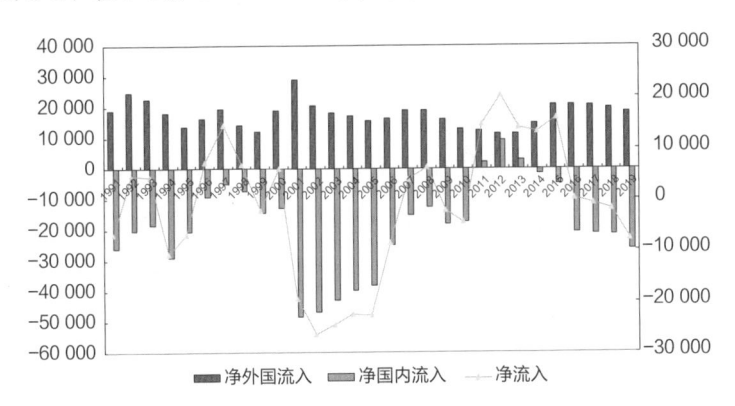

图6-2　1991—2019年硅谷人口迁移状况

---

[1] the Silicon Valley Institute for Regional Studies：Silicon Valley indicators[EB/OL]. [2020-02-01]. https://siliconvalleyindicators.org/.

表 6-6　美国国内人口净迁出前 10 名

| 前 10 名 | 国内净迁出人口（人） |
| --- | --- |
| 湾区其他地方 | 36 752 |
| 北加利福尼亚 | 29 260 |
| 南加利福尼亚 | 17 259 |
| 西雅图 | 3 399 |
| 凤凰城 | 2 434 |
| 达拉斯 | 1 730 |
| 拉斯韦加斯 | 1 587 |
| 纽约 | 1 575 |
| 奥斯汀 | 1 468 |
| 波特兰 | 1 434 |

相关机构对居住、工作在硅谷的人进行调查，形成了"硅谷的五个优势、五个恐惧、五个愿望"（见表 6-7）。[1] 排名位居恐惧和愿望前两位的是"通勤"和"居住"。硅谷通勤以自驾车为主，对于居住和工作在硅谷的人而言很友好，每天通勤时间为 25.61 分钟；但工作在硅谷却居住在硅谷外的人每天则需要花费 56.45 分钟的单程时间。硅谷可负担的房屋保障率极低，仅有 7% 的房子可满足低收入家庭的购买力；且租金高昂，同类房子租金是美国平均水平的两倍多（见图 6-3、图 6-4）。

---

[1] Ichin Cheng. The Shadow of Silicon Valley: Could Silicon Valley sustain development?[J/OL]. [2020-02-01]. https://xueshu.lanfanshu.cn/scholar?q=Ichin+Cheng.

表6-7 硅谷生活意向

| 优势 | 恐惧 | 愿望 |
| --- | --- | --- |
| 天气与气候 | 长时间通勤 | 高效的交通系统 |
| 环境资源 | 缺乏可负担的房屋 | 可负担的房屋 |
| 文化多样性 | 贫富分化 | 优质的教育体系 |
| 创造性 | 过于拥堵 | 更多的社会投入 |
| 经济机会 | 自然环境的恶化 | 保护自然环境 |

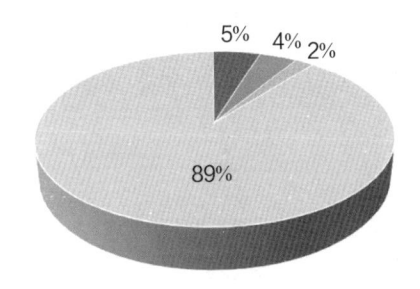

图6-3 不同收入水平家庭住房可负担率

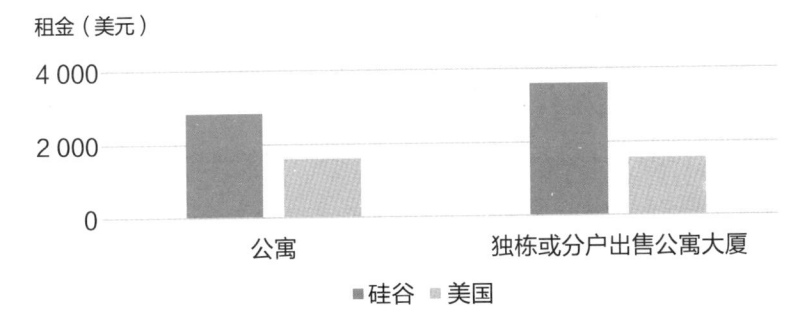

图6-4 硅谷和美国平均租金水平

究其原因，这与硅谷的管理理念、土地使用制度、项目管理制度等相关。

### 1. 弱政府管理理念

虽然硅谷发展的多数时间都处于新制度经济学影响下，但美国一直奉行弱政府、大市场的理念，即使有相关产业政策，也都是功能化的、公共性的，旨在营造要素自由流动、市场化配置的环境。我们梳理 1997—2014 年加州颁布的相关法律法规发现，仅跟就业相关的就有 175 项，但这些法律法规都是通适性的，少有针对某一具体产业或某类企业的（见表 6-8）。①

表6-8　1997—2014 年加州与就业相关的法律法规

| 政策分类 | 个数（项） |
| --- | --- |
| 劳动与就业 | 40 |
| 健康 | 21 |
| 环境管制 | 19 |
| 工人补偿 | 10 |
| 供水质量和数量 | 8 |
| 失业和残疾保险 | 7 |
| 农业和自然资源 | 6 |
| 能量 | 6 |
| 生产安全和健康 | 6 |
| 税收 | 6 |

---

① the Silicon Valley Institute for Regional Studies.California Regulations and Employment in Silicon Valley[EB/OL]. [2020-01-02]. https://jointventure.org/images/stories/pdf/regulations-employment-2016-07.pdf.

（续表）

| 政策分类 | 个数（项） |
| --- | --- |
| 市民选举 | 5 |
| 法律改革和保护 | 5 |
| 气候变化 | 4 |
| 保险 | 4 |
| 经济发展 | 3 |
| 本地政府 | 3 |
| 小企业 | 3 |
| 隐私和自尊 | 3 |
| 国际关系和贸易 | 3 |
| 教育 | 2 |
| 其他 | 11 |

### 2. 土地使用制度

美国土地利用需要先定区划，然后制订城市总体规划，最后取得用地许可，方可使用土地。加利福尼亚州政府已经意识到住宅供应不足对区域发展的影响，2010年立法时扩展了"密度奖励法"，允许业主在建设一定量的可负担房屋情况下，将建筑密度在设定的基准密度基础上提高35%，且督促地方政府放开对独立建筑地块上建附着物的流程。但"密度奖励法"的实施效果不尽如人意。由于各种因素的影响，据统计，圣荷塞、圣克拉拉和桑尼维尔每年分别提高了0.6%、0.3%和0.1%的地块建筑密度。住宅供不应求现象仍然严峻，房价居高不下，对产业工人挤出效应明显。[1]

---

[1] C.J. Gabbe. Local regulatory responses during a regional housing shortage: An analysis of rezonings in Silicon Valley[J]. Land Use Policy，2019: 79-87.

### 3. 项目管理制度

硅谷目前用 transit（公共交通客运）的交通比例仅为 7% 左右，这是因为城际通勤铁路 CalTrain（加州铁路）和快速轨道交通系统 BART（湾区捷运）的线路只到达部分硅谷城市的部分地区。按照轨道交通的原理，交通网越密集、结节点越多，各种换乘越方便，乘客采用轨道交通的概率越大。总体而言，硅谷缺乏便利发达的大众公共交通系统。

综上所述，政府在区域治理过程中应选择性作为，在某些关系公共利益、国计民生的大事上，应在尊重市场规律的同时适度干预，以促进区域更有效发展。

## 二、上海张江高科技园区

### （一）国家改革开放、高新产业布局与上海转型催生张江

20 世纪 90 年代，伴随全球性的科技革命浪潮以及我国改革开放战略的不断推进，上海浦东成为中国对外开发开放的重点地区，高新技术产业成为推动城市产业升级的重要途径。在国际和国内环境的共同影响下，张江高科技园区启动筹建。

从国际环境来看，全球性的科技革命与产业革命促使我国发展高新技术产业。20 世纪 80 年代，为迎接世界科技革命，国家科学技术委员会向中央、国务院提出发展高新技术产业，建立高新技术开发区。1988 年 8 月，高新技术产业开发区的指导性计划——

"火炬计划"应运而生，该计划由中共中央、国务院联合批准实施，相继批准建设多批国家级高新技术产业开发区。1991年3月，上海张江高新区同武汉东湖高新区等26个产业开发区成为国务院批复的首批国家高新技术产业开发区。

1980—1990年，上海市GDP总量在全国的排名不断下滑，直至跌出前十，对浦东进行开发成为上海作为全国经济中心重新崛起的必然选择。1990年4月18日，国务院宣布了开发、开放浦东的重大决策：原则上，在浦东实行经济技术开发区和某些经济特区的政策，并将浦东作为今后10年中国开发开放的重点，明确了要把浦东建设成国际化、枢纽型、现代化的世界一流新城区的目标。1992年5月，作为浦东区四大国家级开发区之一的张江高科技园开始筹建；同年7月，张江高科技园区开发公司成立。

## （二）园区适应性创新发展演化

### 1. 外资驱动的以生产功能为主的发展探索期

1992年，张江高科技园区启动建设，该建设项目是浦东对外开发开放重大决策实施的重点项目。园区属于尚未开始大规模城镇化的农业地区，轨道交通、快速路等重要交通基础设施还未建成，处于飞地开发阶段。1992年8月，上海市规划院编制了《张江高科技园区结构规划》（见图6-5），将园区界定为"集科技、生产、销售、培训和与之相配套的生活服务设施于一体的综合性基地"。但是从功能分区上看，园区自西向东划分为管理服务与大学科研区、工业区、居住区共三大功能组团，工业区面积约占全园区总面积的三分之二，且各功能要素之间缺乏关联互动。

图 6-5　1992 年张江高科技园结构规划

伴随浦东开发建设的推进，在张江高科技园区的开发建设过程中，原有园区结构规划部分已不符合发展要求，需要重新调整，以适应张江高科技园区的发展目标及定位。1995 年，上海市规划院完成《张江高科技园区结构规划(调整)》方案，对 1992 年的规划进行了较大的调整（见图 6-6）。规划指导思想是：从国家高科技园区和上海产业要在新技术基础上更新改造以赶超国际先进水平的要求出发，使园区具有合理的功能分区、便捷的内外交通、良好的生态环境、不同层次的居住区、完善的基础服务设施以及优美的园区景观，使园区投资环境不断得到改善，产业孵化功能兴旺发达。

图6-6　1995年张江高科技园结构规划

1995年的规划强调了教育、研发功能的形成对高科技产业的支撑，注重加强不同功能组团之间的联系交流，开辟了公共商业休闲空间以及高质量绿化景观环境。园区主要分为四大功能区：科技产业区、科技工业出口加工区、科研教育区以及商业、游憩和居住区。其中，居住用地和科研教育用地大幅增加，科研教育区约占园区总用地的1/6，居住用地所占比例更是接近1/3。这与开发之初招商进度缓慢、资金压力等因素有关，前期需要增加居住用地、高强度商住综合用地开发。

本阶段的发展理念较为初级，仍然体现为以生产加工为主的生产性园区，园区规划也受早期工业园规划的思想影响：以工业为主的简单功能叠加、粗暴的功能分区；以土地资源等生产要素为主进行招商，商家以外资企业为主；以生产、销售为主，大学、科研院所初步集聚，研发能力弱；政策支持力度小。

张江高科技园区主要以生产型制药企业为主，科研机构和中介机构较少，药物研发知识和技术主要来自跨国公司的母公司或生物技术公司的内部学习过程。[1] 跨国制药公司在张江高科技园区几乎没有任何研发活动，也不需要创新合作伙伴，与本地生物医药企业缺乏联系和互动。园区内本土制药企业以模仿创新为主，很多企业都面临着资金短缺的问题。受制药企业的生产性质影响，药谷内大部分企业之间缺乏必要的、有效的沟通，这在一定程度上阻碍了网络链式效应和集群效应的辐射带动作用。

在园区开发初期，产业发展与招商引资十分艰难。在资金短缺的情况下，园区首先做好基础工程，加快实施"三通一平"，引进交通线，为招商引资打下了良好的基础。其次，在市委市政府领导的亲临指导和关心下，园区将原来先期开发4平方公里的计划缩小至先期开发0.4平方公里，集中有限资源在0.4平方公里内，尽快实现批租，展现张江形象。

1995年，园区启动建设孵化器，在创新创业、兴办孵化器的

---

[1] 王飞. 生物医药创新网络演化机理研究——以上海张江为例[J]. 科研管理，2012，33(2)：48-55.

同时，喊出了"鼓励成功、宽容失败"的时代口号。同时，园区相继引进一批国家重点实验室（人类基因组南方中心、上海超算中心、上海光源等），为日后建设综合性国家科学中心打下了基础。其间，园区组建了园区专家委员会和顾问委员会，代表高科技园区开发和产业投资的张江股份公司也于1996年上市。这些启动之初的准备与布局，为张江高科技园区的发展奠定了良好基石。

在此期间，张江高科技园区逐步确定了其产业定位，从原来的10多项改为重点发展3项，确定了生物医药、电子信息技术和光机电一体化为三大主导产业。

### 2."聚焦张江"后的本地创新网络发展

1999年，张江高科技园区的开发建设开启新的阶段，上海市委七届四次全会提出"聚焦张江，建设上海面向21世纪高科技产业基地"的战略决策，"聚焦张江"拉开序幕。上海市委市政府对张江提出"技术创新、孵化创业、转化辐射、机制创新"的16字方针，确定了张江高科技园区发展的战略定位。园区规划面积由原来的17平方公里扩大到25平方公里，张江高科技园进入快速发展时期。

2000年4月14日，上海市规划局批复同意《张江高科技园区结构规划》（见图6-7）。张江高科技园区规划总用地面积扩大至约25.9平方公里，范围西至规划罗南大道（罗山路延长线）、东靠规划浦东铁路、南到规划华夏路、北至龙东大道，划分科研教育区、技术创新区、高科技中试产业区、科技产业区、园区中心服务区和张江集镇六个功能区，集中体现研发创新、孵化创业、转化辐射、机制创新四个方面的主体功能。

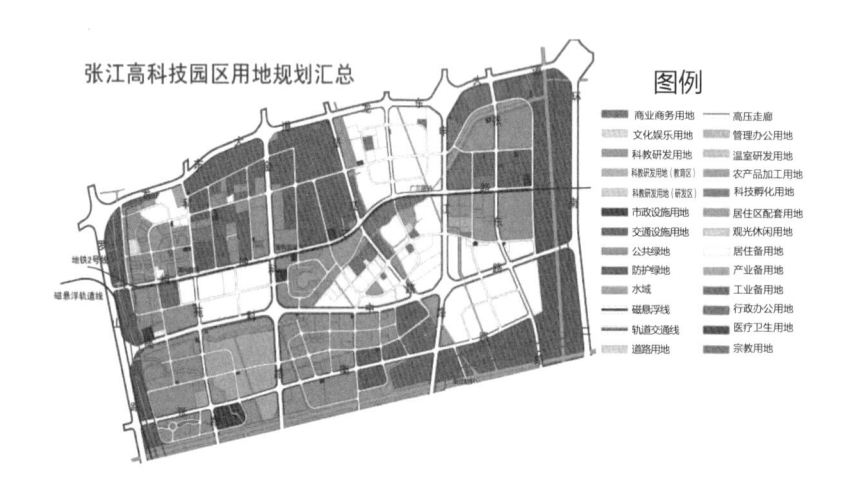

图 6-7　2000 年张江高科技园区结构规划

为推进"聚焦张江"支持政策的尝试和落实，2000 年 1 月，张江高科技园区领导小组和办公室组建，逐步承担项目审批等部分政府职能，并在国内高科技园区率先尝试实行"注册一条龙"等服务。上海市人民政府颁布《上海市促进张江高科技园区发展的若干规定》（新 19 条）实施细则，给予"聚焦张江"促进园区建设政策支持。

自 1999 年"聚焦张江"的政策实施以后，围绕"建设具有国际竞争力的高科技园区"的目标，园区及时调整规划、战略定位，加快环境、配套、服务等工程建设，加大招商引资以及重大项目的推进力度，以信息、生物医药产业为主导，通过研发、孵化、创新探索中国高科技产业发展的模式与路径，形成了自身的特色和优势，促进了张江高科技园区的快速发展。

2000年以后，越来越多的高校和科研机构进驻张江。2004年，罗氏研发中心的成立标志着张江高科技园区进入一个新的合作阶段。随后，诺华、辉瑞、阿斯利康等世界制药巨头在张江设立研发中心，开始和国内医药企业、研究机构开展合作，比如诺华、辉瑞、葛兰素史克、礼来等均和上海药物研究所等国内研发机构进行合作。在生物医药全球服务外包快速发展的形势下，张江成为国外制药公司研发外包的合作对象，CRO业务得到快速发展。

### 3. 创新引领多元化升级发展阶段

经过近15年的开发建设，张江高科技园区的土地存量逐步减少，以房产开发和出租为主的经营模式面临挑战，园区的发展亟待转型升级。2006年，张江高科技园区开发公司提出"一体两翼产业互动"的新战略，即除运营房产资源以外，还应吸引高科技企业入驻并且提供相应的配套服务，同时选择优质企业投资。园区要由单一的开发运营商扩大至集成服务商、产业投资商，通过"三商战略"促进园区的战略转型以及多元化发展。

园区建设者逐步认识到：园区的核心竞争力不仅有招商引资，还有客户服务。园区通过建设各类产业服务平台，为入园企业推出一系列服务措施，努力探索和实践集成服务商的转型发展之路。园区进入产业服务平台的建设热潮，比如：2006年4月，张江园区经济发展处被批准为上海市高新技术成果转化中心联络站，为园区高新技术成果转化项目提供服务；知识产权社群平台，为众多创新企业提供知识产权全过程服务，并探索知识产权的众筹模式及跟投模式，打造融合"互联网+"战略思维的科技服务交易平台。

园区积极牵引、整合科技金融服务资源，打造从天使投资、风险投资、私募股权基金到产业并购的投资链，推动基金投资在园区深耕布局；与中国银行、浦发银行等，实行投贷联动战略合作，利用与创投结合的银行融资额度，为创业企业提供融资服务，强化融资服务功能。园区的公司创投平台逐步完善，多元投融资服务体系形成，促使了创投收益成为促进公司业绩增长的重要力量。

张江生物医药全球化创新网络开始结网并进入快速发展阶段，表现在以下三个方面：第一，网络成员迅速增多，集聚了药物创新不同环节的企业和研究机构，推动了合作关系的建立和发展；第二，网络内不同成员之间合作频繁，形成了浓厚的集体学习氛围，合作类型和层次多元化，既有国内产学研合作关系，也有国际研究机构和国内高校、研究机构的合作，并出现了药物许可关系；第三，网络密度增大，随着企业退出机制的运行，网络结构不断优化，网络创新能力不断提高。

### 4. 全球化创新升级发展阶段

2011年1月19日，国务院批准张江建设国家自主创新示范区，其成为继北京中关村、武汉东湖之后国务院批准的第三个国家自主创新示范区，张江高科技园区为其核心园。2014年12月29日，国务院决定将上海市自贸区扩区至张江片区，为张江园区带来了新一轮的发展机遇。在相继建立国家自主创新示范区、纳入自贸区之后，"双自联动"的功能与创新立刻提上了园区发展日程。上海建设具有全球影响力的科技创新中心，又使张江园区成为上海建设科创中心的核心承载区。

张江园区充分发挥自贸试验区和国家自主创新示范区的叠加优势，聚焦转型发展，集聚创新创业力量，对标国际最高标准和最好水平，通过制度创新、通关便利创新、人才机制创新，释放出强劲活力，助推张江实现自主创新和高科技产业发展的历史性跨越，推进世界一流高科技园区的建设。

《张江科学城建设规划》显示，未来的张江科学城将围绕"张江综合性国家科学中心、科创中心建设核心承载区"的目标战略，实现从"园区"向"城区"的总体转型。张江科学城作为"上海具有全球影响力的科技创新中心"和"上海张江综合性国家科学中心"的核心承载区，一批大科学设施持续落地，重大科技项目重点攻关突破，将大为提升张江科学城的原始创新能力。同时，在产业集聚和各大研发机构集聚的优势之下，随着重大科研平台的持续落地，创新资源持续集聚，"硬科技"实力不断增强，张江科学城的产业能级也将不断提升（见图6-8）。

图 6-8 张江科学城建设规划范围

2010 年，在"重大新药创制"专项、863 项目、973 项目等国家创新政策和措施的激励以及地方政府的大力支持下，张江生物医药进入新的发展阶段——飞跃阶段，以微创科技在香港联合交易所挂牌交易和尚华医药研发集团成功登陆美国纽约证券交易所为标志，预示着张江生物医药开始主动嵌入国际化创新网络，在全球范围内寻找合作伙伴并整合创新资源。

## （三）园区管理运营机制演变

张江园区是中国市场化管理运营园区的典型代表，自园区成立之初即成立张江高科技园区开发公司，确立以企业为主导的管理模式，政府授予园区部分权限，企业承担政府与企业的双重角色。伴随园区的不断发展与扩张，政府派出专门机构负责园区政务，开发公司则专心负责园区开发运营；政府派出机构的工作以协调、服务为主，不参与产业发展。同时，以"张江"冠名的园区规模不断扩张，逐步成立张江高新技术开发区、张江国家自主创新示范区、张江科学城等。在坚持以市场为主导开发运营的基础上，政府整合机构职能，形成一套班子、多块牌子的组织管理模式，搭建服务平台，形成"小政府、大社会"的格局，推进以市场为主体的园区管理机制。

### 1. 政府主导阶段

1992年，张江高科技园区在政府主导下启动筹建，并成立张江高科技园区开发公司［现张江（集团）有限公司］，由上海市国有资产管理委员会投资，政府以货币和土地为出资方式，指派浦东新区国有资产管理委员会代管，全面负责园区开发和建设。上海张江高科技园区自成立之初就采取了企业主导的管理模式，市、区两级政府在土地开发、项目审批上授予开发公司部分权限，开发公司扮演了政府和企业的双重角色。

### 2. 政企分离，市场化运营阶段

1999年，"聚焦张江"战略启动，上海市人民政府举全市之力推进张江高科技园区的开发建设。2000年1月，上海市设立张江高科技园区开发领导小组和办公室，作为浦东新区管理委员会的派出机构，负责园区的规划编制、政策制定和组织协调等工作，与张江高科技园区开发公司共同管理开发张江高科技园区。

领导小组的成立，首先使园区开发公司的政企职能得以分离，开发公司从而能专心从事园区的开发运营。领导小组下设的办公室则专门负责政务，不直接从事产业，根据市和浦东新区有关行政管理部门、机构的委托或者授权，承担以下任务：负责园区内投资项目、基本建设项目的审批；园区内高新技术企业成果转化项目的认定；协调其他行政管理部门对园区内企业的日常行政管理、年检和落实优惠政策；为企业搭建一个平台，落实一些优惠政策，提供各种必要的服务。

### 3. 企业主体阶段

园区不设立管委会，而是按照市场经济和国际惯例的内在要求，以开发公司的形式来运作。园区领导小组和园区办公室代表政府职能，开发公司则履行开发职能，形成了"高效、精简"的班子，初步形成了"小政府、大社会"的格局。

2018年5月4日，上海市委、市政府深入推进张江管理体制改革，实行"一套班子、四块牌子"，把张江国家科学中心办公室、张江高新技术产业开发区管委会、张江高科技园区管委会、自贸区管委会张江管理局四个职能机构整合为一个机构、一套班子，成立上海推进科技创新中心建设办公室（见图6-9）。至此，张江依托管理体制改革，整合机构职能，以一套班子、多块牌子的组织管理模式，推进小政府、大社会的格局，以市场为主导开发运营，政府搭建服务平台，促进"张江"模式的不断完善与良好发展，共同推进上海高新技术产业的蓬勃发展。

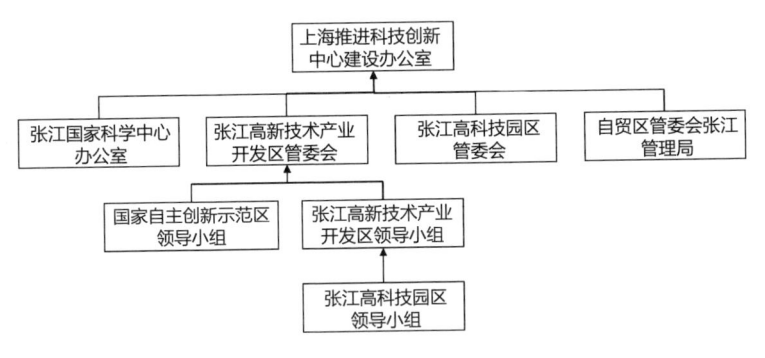

图 6-9 上海张江组织管理模式

## （四）园区产业集聚过程

成立初期，张江高科技园区逐步确立了发展生物医药、电子信息技术和光机电一体化三大主导产业。"十三五"期间，张江园区加大对国家科技重大专项、战略性新兴产业重大项目和重大科技成果转化项目的支持，重点聚焦"3+3"重点产业，即信息技术、生物医药、文化创意三大主导产业，以及人工智能、航空航天配套、低碳环保三大新兴产业。张江高科技园区主导产业确立以及集聚发展，与龙头企业进驻和政府政策服务密切相关。

### 1. 龙头企业入驻，带动吸引上下游产业进驻

1994 年 5 月，张江成功迎来了第一家外资企业——瑞士罗氏制药。其作为世界 500 强中知名的药物公司，为生物医药产业作为园区主导产业打下基础，随之吸引美敦力心脏起搏器、史克必成疫

苗等企业先后进驻张江。在此基础上，张江高科技园区于1994年成立新药研发中心。1996年，上海市政府与国家科技部、卫生部、国家食品药品监督管理局签约，确立在张江建设"国家（上海）生物医药科技产业基地"，开启了张江"药谷"的历史。至此，生物医药产业在张江确立园区主导产业地位，并逐步吸引各类生物医药、医疗器械、生物技术企业和研究机构的集聚，最终形成涵盖医药、医疗、医械、医学的医疗健康"医产业"集群。

园区另一产业集群——"E产业"集群的形成同样得益于龙头企业的进驻。1995年，中国电子工业有史以来最大规模的投资项目——"909"工程主体上海华虹集团，在上海市政府的推动下最终落户张江。同年，国家集成电路封装专项工程（908工程）中的中、泰、美三方合资的企业——"阿法泰克"（现纪元微科）也入驻园区。2001年，张江集成电路产业迎来又一批重量级贵宾——中芯国际、泰隆半导体和宏力半导体。在上述企业的带动下，集成电路上下游企业，包括芯片设计、光掩膜制造、测试、封装、设备供应、气体供应等企业开始集聚园区。

目前，张江作为国内集成电路产业链最完善的集成电路产业聚集区，全球芯片十大巨头中的6家均已在张江设立区域总部或研发中心。

### 2. 产业生态系统持续完善，增强企业根植性

随着国家级高新技术开发区的不断增多，各地区高新区之间的竞争也不断加剧，纷纷出台各种优惠政策吸引龙头企业、高校、科研机构等的进驻。因此，要想留住企业，增强企业根植性，园区需

要在用政策吸引企业进驻的基础上，通过构建服务平台，连接产业链不同环节上的企业，构成产业生态网络，增强企业间的交流合作，为企业发展提供全方位的集成服务。

张江高科技园区注重产学研平台的建设，在引进龙头企业的基础上，配合引进与产业相关度高的高校及科研机构，建设基础科研设施，比如建立了全球领先的上海超级计算中心、国家同步辐射光源中心，为生命科学、材料科学、环境科学等众多学科领域的基础研究提供公共服务平台。

园区内引进的高校、科研院所与企业间形成良好的合作，为园区企业提供充足的高质量专业人才储备，也为园区跨国企业、中小企业的研发创新提供公共实验和服务平台，为产业发展的基础研究打下坚实基础（见表6-9）。[①]

表6-9 园区产业与配套高校、科研院校

| 产业 | 配套高校、科研院所 |
| --- | --- |
| 生物医药产业 | 上海中医药大学、复旦药学院等高校及中科院上海药物所、国家新药筛选中心、国家人类基因组〔南方研究中心、国家蛋白质科学研究（上海）〕等30余家国家级、市级科研机构及平台 |
| 集成电路产业 | 北大微电子研究院、清华微电子研究院、复旦微电子研究院等 |
| 软件、信息产业 | 上海交大信息安全学院、复旦软件学院等 |
| 文化创意产业 | 中国美术学院上海分院、上海电影艺术大学等 |

---

① 孙维琴. 创新型高科技产业网络集群效应分析[D]. 上海：复旦大学，2009.

## （五）园区产业发展驱动力

其一，政府针对园区出台特殊政策，放权园区，简化行政审批手续，成为园区招商引资的重要筹码。

发展前期，张江的政策重点放在了引入外部资源和促进科技成果转化上，尤其是在吸引外资企业和大企业研发机构方面投入力度较大；"十三五"期间，针对张江国家自主创新示范区，以市区两级85亿元专项资金从优化公共服务环境、集聚培育高端人才、促进创新成果转化、打造创新型产业集群方面进行投入；针对张江高科技园区，先期主要以研发后补贴为政策手段；进入张江科学城建设阶段，"从园到城"重点支持生态环境管理服务体系建设、研发创新及成果应用、城市功能提升项目，营造活力四射的科技创新氛围（见表6-10）。

表6-10　张江高科技园区政策

| 颁布年份 | 颁布部门 | 政策名称 | 主要内容 |
| --- | --- | --- | --- |
| 2001年 | 上海市政府 | 《上海市促进张江高科技园区发展的若干规定》 | 设立张江高科技园区管理委员会，支持张江高科技园区发展 |
| 2003年 | 浦东发改委 | 《关于张江高科技园区实施行政审批和政府服务"零收费"的意见》 | 自2004年1月1日起，对注册在张江园区的企业、研发机构，实施行政审批和政府服务"零收费"，涉及61项 |
| 2007年 | 浦东新区政府 | 《张江功能区域关于开展"腾笼换鸟"工作的实施意见（暂行）》 | 通过替换和淘汰劣势企业，大力引进产业能级较高的科技型、自主创新型龙头企业，以提高土地利用率 |

（续表）

| 颁布年份 | 颁布部门 | 政策名称 | 主要内容 |
|---|---|---|---|
| 2005年 | 张江高科技园区管理委员会 | 《"十一五"期间张江高科技园区财政扶持经济发展的暂行办法》 | 针对张江高科技园区的企业补贴政策 |
| 2006年 | | 《上海市张江高科技园区"十一五"期间扶持软件产业发展的实施办法》 | 针对园区的软件企业的补贴政策，主要体现在人才聚集、产业基地建设、公共服务建设三个方面 |
| 2006年 | | 《关于进一步推进张江高科园区自主创新的实施意见》 | 努力提升张江高科技园区自主创新能力 |
| 2006年 | | 《张江高科技园区科学专项实施办法》 | 张江园区举行的各类专业学术会议及相关活动补贴政策 |
| 2006年 | | 《张江区域人才公寓租赁管理暂行办法》 | 公寓补贴、申请条件、流程政策 |
| 2007年 | | 《上海市张江高科技园区激励自主创新人才发展的暂行办法》 | 对园区内符合自主创新人才的政策补贴 |
| 2007年 | | 《上海市张江高科技园区激励自主创新人才发展的暂行办法的实施细则》 | 园区自主创新人才条件及具体政策补贴 |
| 2008年 | | 《上海张江高科技园区科技创新专项资金管理办法》 | 上海张江高科技园区科技创新专项资金的申请条件及程序 |
| 2008年 | | 《关于推进张江高科技园区孵化器建设实施办法（暂行）》 | 孵化器及孵化企业认定标准、政策，支持孵化器及孵化企业发展 |
| 2011年 | | 《上海市张江高科技园区企业发展扶持办法》 | 张江高科技园区企业发展扶持优惠政策 |
| 2017年 | | 《张江国家自主创新示范区推荐外籍高层次人才申请在华永久居留的认定管理办法（试行）》 | 加大吸引外籍人才力度，构建具有国际竞争力的引才用才机制，深化"双自联动"建设国际人才试验区 |

其二，孵化器链条完善、领域多元、类型多样，提升园区创新培育能力。

张江高科技园区从建立初期开始，不断探索发展园区孵化器。目前，张江孵化器已构筑起相对完善的创业孵化链条。园区拥有孵化器72家，其中国家级孵化器9家，民营孵化器56家，形成了"苗圃＋众创空间＋孵化器＋加速器"的完整创业孵化链条。孵化领域呈现多元化特征，孵化范围也从集成电路、生物医药等张江传统产业领域，拓展到机器人、大数据、工业4.0、智慧医疗等多个前沿领域，从点式发展扩大到集群发展，形成"张江中区国际创业集聚区"和"张江传奇创业广场"两个创新创业集聚区。

在国内创业孵化链条不断完善的基础上，园区的跨国孵化网络逐渐形成。园区建设国际联合孵化载体，推动园区企业海外布局孵化器节点，主导建设跨国企业联合孵化器，并且率先建设离岸创新创业基地，探索"区内注册、海内外经营"的离岸模式。

在发展过程中，园区搭建张江信息平台、张江发布平台等系列服务平台，不断提升服务环境，孵化成效显著。目前，园区孵化面积约50万平方米，在孵企业约2 000家，已孵化出达观数据、鲲云科技、沪江、查湃智能、众人网络等多个独角兽企业。

## （六）张江集团商业模式演变

从张江集团成立至今，围绕张江高科技园区，集团业务不断扩展，商业模式不断优化，逐渐由园区开发商向园区开发与运营商、园区产业投资商、园区集成服务商转变。目前，园区开发与运营、产业投资、集成服务三大业务板块格局已经初具规模（见图 6–10）。

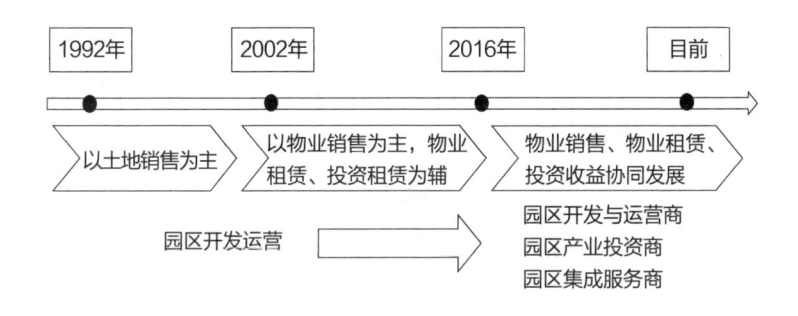

```
1992年 ──→ 2002年 ──→ 2016年 ──→ 目前

以土地销售为主    以物业销售为主，物业    物业销售、物业租赁、
                 租赁、投资租赁为辅     投资收益协同发展

            园区开发运营 ──────→   园区开发与运营商
                                  园区产业投资商
                                  园区集成服务商
```

图 6–10　张江集团商业模式演变

### 1. 主营园区开发与运营："土地批租 + 房产开发"

在园区成立发展初期，张江集团的运作模式为"园区地产商"，即通过整合土地资源并销售或租赁给相关企业的方式，拓展业务、实现盈利。

张江集团在开发早期采取了"资金空转，土地实转"的开发模式：政府以土地作为对企业的资本投入，按照土地出让价向开发公司开出支票，并成为该开发公司的国家股股东；开发公司以此支票为背书，向土地管理部门支付土地出让金，获得土地使用权；上海市土地管理部门出让土地使用权后，再将从开发公司得到的出让金（支票）收入上缴财政部门。企业化开发模式使土地有偿使用，而对土地价值的提前预支，避免了资金的直接投入，降低了土地开发成本。政府对基础设施建设的投入，又提升了土地价值，加速了土地开发一级市场循环，从而形成闭环，支撑园区开发的良性运转。

土地批租解决了张江园区早期的现金流问题和招商问题，但是这种方式是短期、不稳定且低效益的，无论是对公司的长远发展还是园区的发展都是不利的。加之土地"招拍挂"政策的施行，以及自2003年以来国家对工业用地的严格控制，园区土地资源稀缺，原有的开发模式已不可行。张江集团转变经营战略，通过打通资本市场实现了资金循环向资本循环的升级，采取了"资金实转，房产实转"的资本运营模式，即减少土地批租业务，逐步将有限的土地资源进行深加工，增加物业载体开发和经营的比重。随着园区招商引资的不断推进，高质量企业不断进驻园区，形成了良好的产业氛围和产业集聚，园区内物业载体价格也随之上升，物业销售与租赁成为后期张江高科技园区开发公司的主要营收来源。

### 2. 加速培育产业服务和股权投资："一体两翼"

伴随园区土地存量逐步减少，大规模房地产开发的模式已不可持续。2006年，张江集团提出进行商业模式升级，在原有以园区开发建设为主业的基础上，加速培育"产业服务"和"股权投资"两大新业务板块，形成"一体两翼"商业模式。"一体"即为特色房地产运营，"两翼"分别为创新集成服务和战略投资。

同年，张江集团实施管理结构转变，提出了"金字塔"式的战略结构。张江高科技园区开发公司逐步转变公司单一的房地产主营业务架构，着力加大高科技投资功能拓展的力度，通过参与专业基金间接投资或直接投资高科技新兴项目，实现从园区开发运营商向产业投资商、集成服务商的转变，巩固"一体两翼"商业发展模式。

### 3. 大力发展科技企业孵化：转型科技投行

2015年前后，园区土地资源日益稀缺，房地产行业的波动加剧，作为园区主营业务之一的房地产的运营收益呈下降趋势，有些年份的主营业务甚至出现亏损。同时，张江高科技园区开发公司已经开始直接投资园区内的优秀企业并成功退出，"科技企业孵化"逐渐成为新的盈利点，其利润率远超物业销售和园区运营，为张江高科技园区开发公司转型打下基础。

为进一步提升产业地产开发和产业配套服务的专业化能力，张江集团依托原客户服务中心团队，整合了张江集团体系下6家专业化服务公司，于2015年1月设立了上海张江慧诚企业管理有限公司，代表张江集团承担张江高科技园区产业发展配套服务的功能。

目前，上海张江慧诚企业管理有限公司已基本具备科技创新创业服务、产业地产配套服务和环境治理服务三大领域的资源整合能力，以及产业联盟、政务服务、社区活动、人力资源、人才公寓、能源服务、市政配套、环境服务等方面的专业服务能力。未来，张江慧诚将以打造"产业地产配套服务提供商、企业全生命周期服务提供商"为己任，为张江高科技园区企业运营配套环境的优化和企业科技创新生态环境的提升发挥核心引领作用。

至此，张江集团经过近30年的发展，逐渐淡化以销售和租赁为主的产业地产模式,着力打造园区内创新生态体系,并择机以投资模式参与到创新产业的发展中,逐步形成了以园区开发与运营、产业投资、集成服务三大业务板块为主的商业发展模式。

## 三、东莞松山湖科技产业园区

### (一)东莞城市和产业转型催生松山湖科技产业园

改革开放以来,东莞凭借地理位置优势,迅速成为享誉国内外的制造业基地,"三来一补"成为东莞重要的支柱产业。但与之相伴的是,土地资源的粗放式消耗,严重的环境污染,科技创新能力不足,对外资外贸依赖度过高,城市化水平和质量不高。整个东莞被看作大工厂、大园区,它走的是先污染后治理的典型发展路径,面临的资源、人力、环境等约束越来越明显。东莞亟须转型。

为此,东莞市政府提出将市中部大郎、寮步和大岭山三镇围合的松山湖区域(总用地面积59.43平方公里),建设成生态型科技产业新城,简称"松山湖科技产业园"。2001年11月9日,经广东省人民政府批准,松山湖科技产业园被纳入东莞省级高新技术开发区范围,扩大范围后的东莞高新技术产业开发区包括原东莞篁村科技产业园和松山湖科技产业园,并更名为"东莞松山湖科技产业园区",规划控制面积为72平方公里。

东莞松山湖科技产业园区以湖为核心,形成北部区高科技产业带、中心区教育研发及市政功能区、东部区台湾高科技园、滨湖区国际总部研发区四大功能片区，各功能区通过园区交通主干道路连接，构成一个功能统一体，较好地体现了自然生态环境和城市功能的有机联系，构成功能分区明确、结构合理、环境特征鲜明的生态新城（见图 6-11、图 6-12）。东莞松山湖科技园区的发展理念，揭开了国内产业园区发展的新篇章，引领国内高新技术产业园区向第四代产业园区迈进。

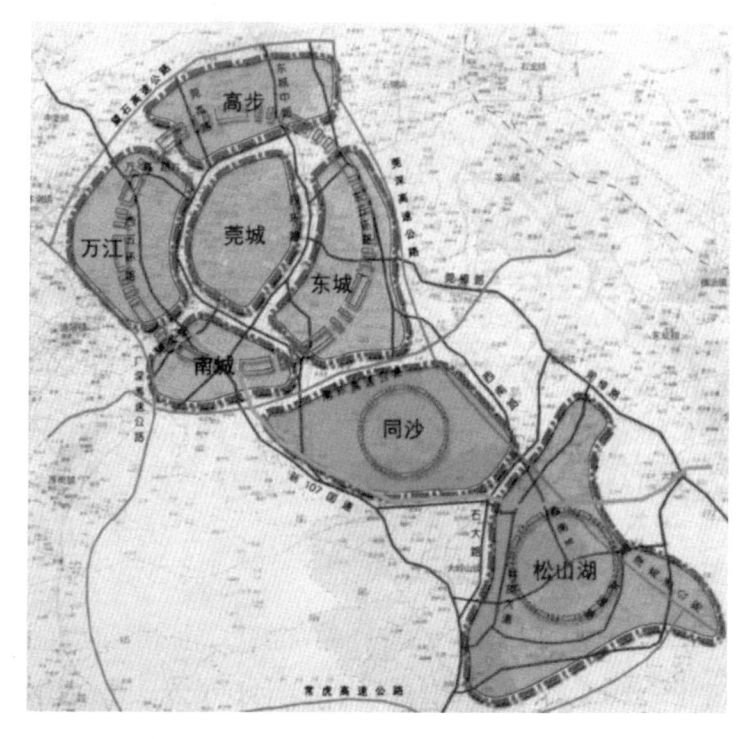

图 6-11　松山湖科技产业园与东莞市的位置与结构关系

资料来源：东莞松山湖科技产业园（2001—2020 年）总体规划。

图 6-12　东莞松山湖科技产业园功能分区

资料来源：东莞松山湖科技产业园（2001—2020 年）总体规划。

## （二）园区适应性创新演化

### 1. 环境优化，筑巢待凤

政府主导进行园区的开发建设和招商引资，完成园区的基础设施建设，并建设部分产业载体，引入名校等城市配套。由于内外部大环境限制，招商引资进展有限，但明确的产业准入门槛为区域保留了良好的园区环境，形成后发优势。

### (1) 组织管理模式

园区实行以政府为主导的组织管理模式，于2001年先后组建了松山湖科技产业园管理委员会和松山湖科技产业园控股公司，"一套人马，两套班子"的组织管理模式形成。

为提高服务效率、方便企业、改善园区营商环境，园区将政府部门9个行政职能受理窗口和7个服务窗口全部搬进一站式服务办事中心；园区还确立了项目经理负责制，为每一家入园企业指定一名项目经理，企业有任何困难或问题都可以找项目经理帮助解决或协调，让企业在园区找到归属感。

### (2) 园区开发建设

松山湖科技产业园是肩负着东莞城市、产业转型的重任而生的，所以其规划设计理念、产业准入都相对超前。其功能定位为"具有独立自主知识产权和强烈科技创新能力的以先进工业、高新科技产业和大学园区为主的综合性生态新城"[1]，强调生态环境的重要性，规划与建设中均坚持"融山、水、园为一体""科技共山水一色"等理念。园区十分注重经济与自然和谐发展，绿地覆盖率达到60%以上，生态环境优美。[2]

由于园区环境优美，紧邻深圳、东莞，与深圳、东莞房地产价格落差较大，园区内房地产业得到较快发展，由此带动了知名学校等城市配套的入驻（见图6-13）。

---

[1] 中国城市规划设计研究院. 中国·东莞松山湖科技产业园总体规划说明书[R]. 东莞市松山湖科技产业园管委会，2002.

[2] 罗莎丽. 东莞松山湖国家高新区招商引资的现状分析与对策研究[D]. 桂林：广西师范大学，2015.

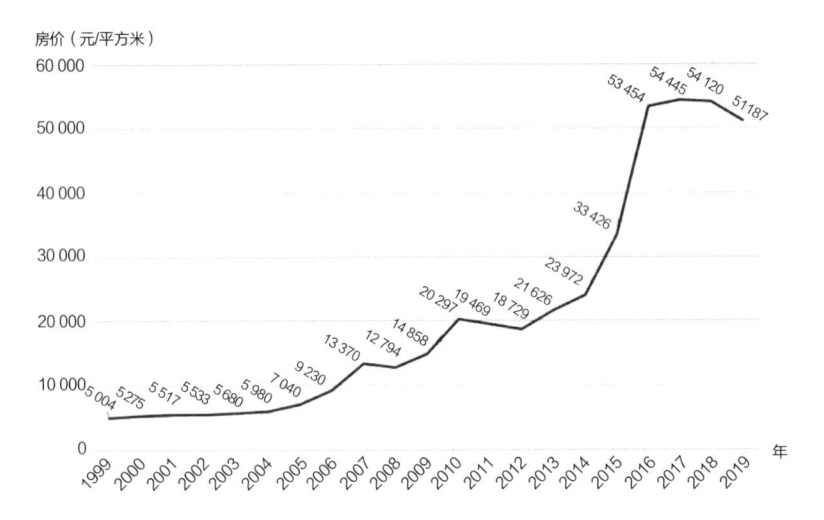

图 6-13　1999—2019 年深圳房价走势图

资料来源：世联行数据平台。

但由于这一阶段产业集聚较弱，在售地产项目成交客户主要由东莞、深圳和香港的投资、本地自住和高端度假客群构成，因此，松山湖一度被视为深圳后花园（见图 6-14）。

（3）产业发展

园区围绕电子信息产业、生物技术产业和装备制造三大主导产业进行重点招商，培育新能源、新材料、光电等新兴产业和具有发展潜力的产业，逐步形成了电子信息产业和新能源产业的聚集，引进酷派软件、华为、宇龙和生益科技等企业，被评为国家级高新技术开发区。但由于当时东莞和深圳都处在产业转型的阵痛期，新兴产业基础较为薄弱，加之产业定位过于宽泛，招商引资进展有限。

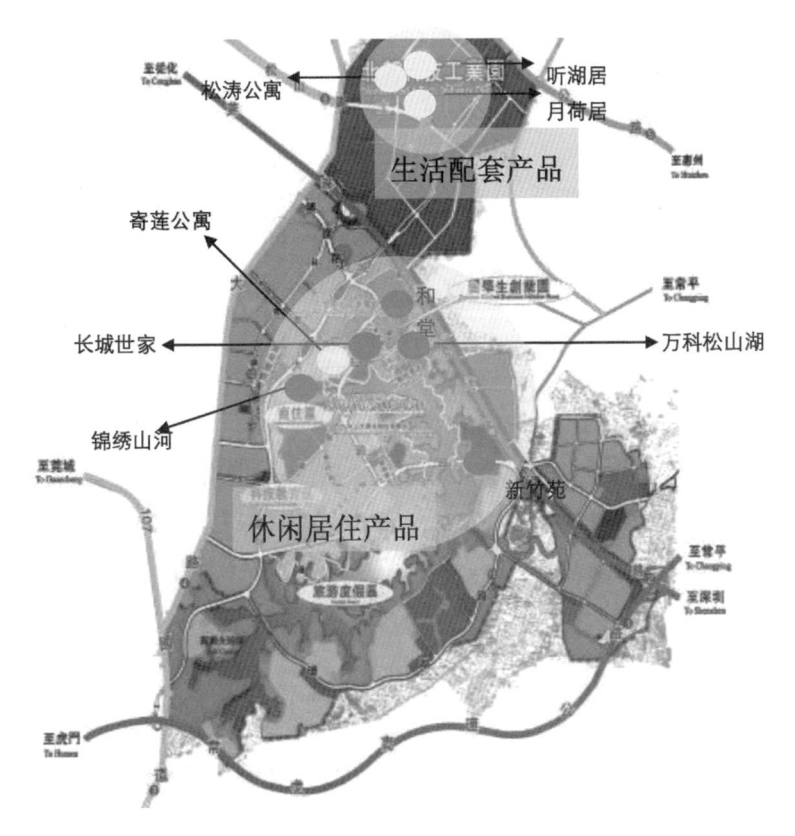

图 6-14　松山湖区域居住配套分布图

资料来源：世联行数据平台。

截至 2010 年，园区工业总产值为 101 亿元，税收为 18 亿元，且生产总值的增幅在逐渐下降（见图 6-15）。

但是，园区坚持"三高两自"（高科技含量、高带动能力、高税收贡献、自有品牌、自主知识产权）的准入门槛，为后续发展留下了难得的空间，保障了后发优势的发挥（见图 6-16）。

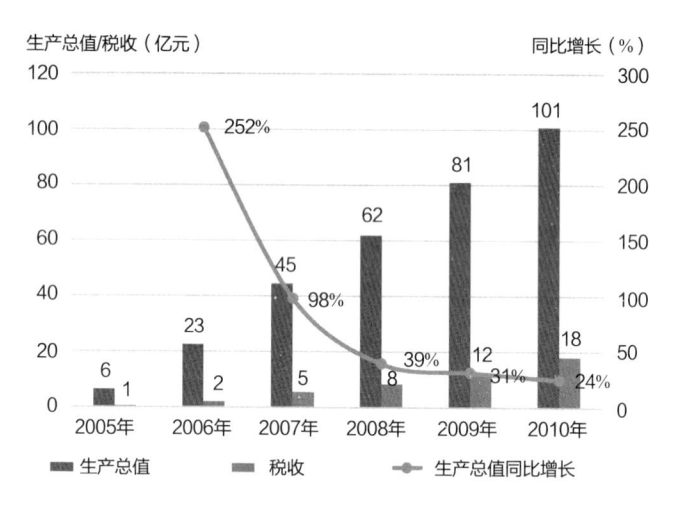

图 6-15　2005—2010 年松山湖生产总值及税收情况

资料来源：松山湖官网及其他网站。

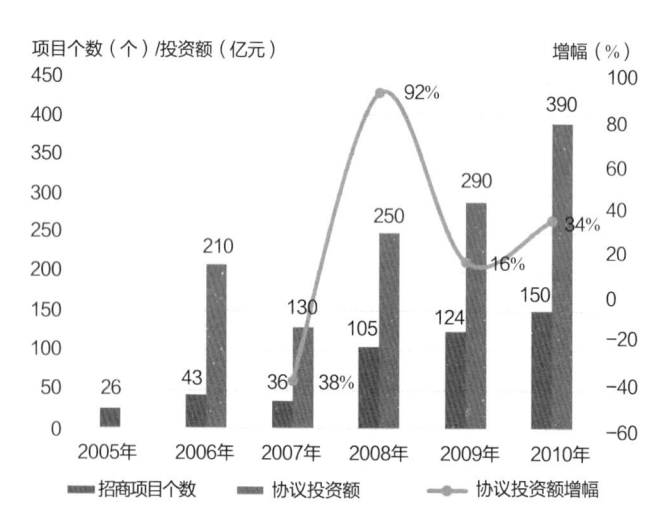

图 6-16　2005—2010 年松山湖招商数目及协议投资额情况

资料来源：松山湖官网及其他网站。

### 2. 战略调整，错位竞争

回顾园区前期发展过程中的经验和教训，借鉴其他成功园区发展案例，园区从顶层设计入手：一是进一步明晰产业定位，聚焦"4+1"的产业体系；二是进一步完善城市功能，促进产城融合，提升园区吸引力和影响力；三是进行制度创新，陆续出台相应鼓励政策，吸引高端人才进驻，优化产业发展环境。

为满足高素质人群对高品质、多元化配套的需求，政府制定了《东莞松山湖高新区商业网点规划（2012—2020年）》，建立商业网点，完善城市功能，引入新型业态，形成现代商业与传统商业有机结合、以新型业态为主的业态结构，使松山湖成为一个"环境优美、配套丰富"的富有吸引力的新型产业社区。

通过《松山湖高新区发展战略研究》《松山湖高新区与产业布局规划》等共计34项研究，政府深度剖析松山湖发展面临的竞争环境和优劣势，聚焦构建"4+1"的产业体系，大力提升高端电子信息产业，着力推进生物技术产业，重点发展机器人产业，加快发展新能源产业，积极培育发展文化创意、电子商务等现代服务业，最终形成高新技术产业、先进制造业、现代服务业协调发展的现代产业体系。在空间上，园区在北部区域、滨湖区域和东部区域布局高端电子信息产业，在中心区布局现代服务业和产业服务中心，在部分北部区和滨海区布局生物技术产业（见图6-17）。

截至2015年，园区在科技创新、技术研发方面也取得丰硕成果，生产总值达到了220亿元，税收实现了82亿元。与2010年比，两者在短短5年的时间分别实现了118%和356%的增长率（见图6-18）。

图6-17 松山湖产业分布图

资料来源：世联行知识管理平台。

图6-18 松山湖2011—2015年生产总值及税收情况

资料来源：松山湖官网及其他网站。

在高端产业发展定位之下，高端人才稀缺的现象凸显，并成为引进高端企业的关键制约，引进高端人才成为松山湖最迫切的事情。东莞市政府为此陆续制定了多项人才引进政策。2012 年，东莞市政府颁布的《关于把松山湖高新区建设成为国家创新型科技园区的若干意见》强调："鼓励国内外高水平科研创新团队、高层次人才（特别是拥有重大创新科研成果或参与过科技重大专项、重大科技基础设施、重大科技成果产业化项目的骨干人员）到高新区创新创业，实施高层次创业人才'梧桐计划'、人才安居工程。"东莞市政府同时启动了金融政策、自主创新政策，促进园区自主产业的发展（见表 6-11）。

表 6-11　2011—2015 年松山湖颁布相关政策情况

| 时间节点 | 核心政策 | | 具体政策 |
|---|---|---|---|
| 2012—2013 年 | 2012 年东莞市政府《关于把松山湖高新区建设成为国家创新型科技园区的若干意见》 | 人才引进及培养政策 | 2012 年《松山湖高新区引进和培育高层次人才推进"梧桐计划"的实施办法》 |
| | | 园区自主创新政策 | 2012 年《松山湖高新区营造创新氛围提升自主创新能力的实施办法》 |
| | | 科技企业聚集发展政策 | 2012 年《松山湖高新区引进和培育高层次人才推进"梧桐计划"的实施办法》 |
| | | 金融创新政策 | 2012 年《松山湖高新区关于建设金融改革创新服务区的实施办法 ( 试行 )》 |
| | | 园区发展综合指引政策 | 2013 年《东莞松山湖高新技术产业开发区条例》 |
| | | | 2013 年《东莞市人民政府关于推动松山湖高新区创建国家创新型科技园区的若干鼓励措施》 |

（续表）

| 时间节点 | 核心政策 | 具体政策 |
| --- | --- | --- |
| 2014年 | 产业政策 | 《东莞松山湖高新技术产业开发区促进集成电路产业发展管理办法》 |
| | 金融政策 | 《松山湖高新区推动多层次资本市场建设管理暂行办法（试行）》 |
| 2015年 | 人才企业机构激励政策 | 《松山湖（生态园）"企业投资突出贡献奖"、"企业创新突出贡献奖"、"新型研发机构突出贡献奖"和"青年创业典范奖"奖励实施办法》 |

资料来源：东莞市政府官网及松山湖官网。

### 3. 全面发力，打造一流园区

园区城市功能日渐完善，宜居宜业宜游的生活环境构建初见成效；园区产业促进服务体系渐趋成熟，产业政策环境不断优化；粤港澳大湾区一体化日益紧密，一流园区构筑全面发力。

园区聚焦重点企业和高层次人才的迫切的民生需求，系统性规划和完善城市配套，实现园区宜居宜业宜游，提升园区竞争力；进一步完善居住配套，以"可支付的住房"构筑独特竞争力。例如，以幸福花园、松涛美寓公租房以及生态园公租房建设为入住产业人口提供居住保障；强化医疗保障，打造"一中心四站点"的医疗服务体系；推进与东华集团合作第二人民医院建设；强化与深圳的联系，推动深圳13号轨道线北延建设与松山湖轨道对接。

园区依托大科学装置和平台载体，打造世界级重大科技基础设施集群，形成基础研究、技术研发、产业转化的全服务支撑体系，提升园区创新竞争力（见图 6-19、图 6-20 和图 6-21）。

图 6-19　松山湖 2016—2018 年生产总值及税收情况

资料来源：世联行数据平台。

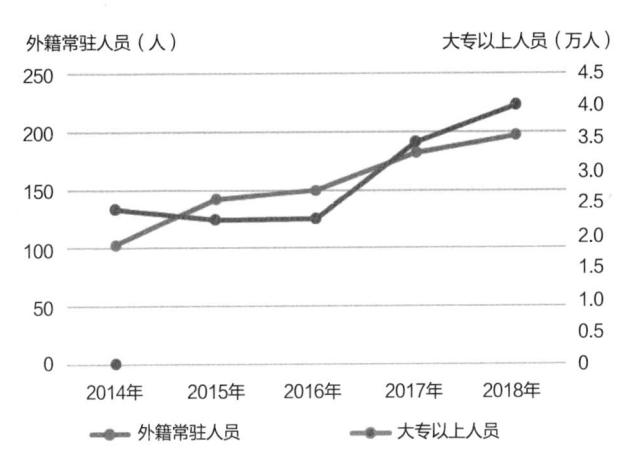

图 6-20　松山湖 2014—2018 年高端人才变动情况

资料来源：《中国火炬统计年鉴》。

图 6-21 松山湖 2014—2018 年科技活动情况

资料来源:《中国火炬统计年鉴》。

针对高科技企业和人才特征,园区针对性设计、优化产业政策,保证高科技企业和人才"招得来,留得下,发展得了"(见表 6-12)。

表 6-12 2016 年至今松山湖颁布相关政策情况

| 时间节点 | 核心政策 | 政策具体 |
| --- | --- | --- |
| 2016年 | 专利奖励政策 | 《松山湖(生态园)专利资助奖励办法(试行)》 |
|  | 人才引进及培养政策 | 《东莞市成长型企业人才扶持试行办法》《关于大力引进台湾创新创业青年人才的实施办法》《东莞市人才入户管理办法》《东莞市技能人才培养五年行动计划》《东莞市鼓励柔性引进海外专家来莞工作试行办法》 |

（续表）

| 时间节点 | 核心政策 | | 政策具体 |
|---|---|---|---|
| 2017—2018年 | 2017年《东莞市松山湖近期建设规划（2017—2020年）》 | 人才聚集及补贴政策 | 2018年《东莞松山湖高新区领军人才集聚工程实施办法》 |
| | | | 2018年《东莞松山湖领军人才聚集工程实施细则》 |
| | | | 2018年《东莞松山湖青年科技创新人才培养工程实施细则》 |
| | | | 2018年《东莞松山湖新引进人才生活补贴管理规定》 |
| | | 园区自主创新激励政策 | 2018年《东莞松山湖高新区奖励国家、省、市科技项目暂行办法》 |
| | | | 2018年《东莞松山湖高新区扶持省、市创新科研团队暂行办法》 |
| | | 产业政策 | 2018年《东莞松山湖文化产业发展专项资金管理暂行办法》 |
| | | | 2018年《东莞松山湖"倍增计划"园区级试点企业产业政策倍增扶持配套资助实施办法（试行）》 |
| | | | 2018年《东莞松山湖文化创意产业园区（基地）认定与管理暂行办法》 |
| | | | 2018年《松山湖促进机器人与智能装备产业发展暂行办法》 |
| | | | 2018年《东莞松山湖促进集成电路设计产业发展扶持办法》 |

（续表）

| 时间节点 | 核心政策 | 政策具体 |
|---|---|---|
| | 金融政策 | 2017年《东莞松山湖（生态园）促进科技金融发展实施办法》 |
| | | 2018年《东莞松山湖高新技术产业开发区出口信用保险保费资助配套资金管理办法（试行）》 |
| | | 2018年《东莞松山湖促进科技金融发展实施办法》 |
| | | 2018年《东莞松山湖高新区促进基金业发展的实施办法》 |
| | 城市建设综合指引政策 | 2018年《松山湖片区六个统筹指导意见》 |
| | 城市规划建设具体政策 | 2018年《重大项目信息资源统筹工作方案》 |
| | | 2018年《教育统筹发展工作方案》 |
| | | 2018年《科技资源共享实施方案》 |
| | | 2018年《东莞市园区、镇（街）公办中小学幼儿园规划建设指导意见》 |
| | | 2018年《松山湖片区2018年经济形势分析工作方案》 |
| 2019年 | 人才政策 | 《2019年东莞松山湖新引进人才补贴申报指南》 |
| | | 《东莞市大力引进台湾创新创业青年人才实施办法》 |
| | | 《东莞松山湖推动港澳人才创新创业实施办法》 |
| | 平台政策 | 《东莞松山湖公营孵化器场地使用管理办法》 |
| | 产业政策 | 《2019年度东莞松山湖文化产业发展专项资金申报指南》 |

资料来源：东莞市政府官网及松山湖官网。

随着北大光电研究院、清华创新中心等32家新型研发机构齐聚松山湖，涉及高端电子信息、先进制造、云计算、电动汽车、光电技术等技术领域，未来松山湖将从提高创新能级、加大科技型企业培育力度、推进科技创新平台建设、打造港澳台青年创新创业示范园区四个方面打造发展创新高地，成为东莞产业转型的火车头。

## （三）园区发展经验借鉴

### 1. 因时而变的组织管理体系

在建设早期，园区需大量的资金沉淀来完成园区的建设和培育。政府主导模式能推动园区的快速开发建设，并保障园区规划方案不受短期利益扰动，更具前瞻性和科学性。松山湖园区是在政府主导模式下建设运营的。

为了提高园区运营管理的有效性和专业性，园区组织管理模式根据园区开发建设的阶段性变化，一直在进行调整。

2015年，园区梳理了管委会与控股公司的人员编制（管委会以公务员和事业编制为主，控股公司逐渐实行员工聘任制），定岗定人，同时实行年薪制、合同制、雇员制以引进人才，希望以更符合市场运作规律的机制来提高员工的工作意愿；2018年12月，园区为提高招商专业度，颁布了《东莞松山湖招商引资管理办法》，明确提出成立东莞松山湖招商引资工作领导小组，由管委会主任任组长，常务副主任任常务副组长，各产业招商部门分管领导任副组长,各产业招商部门主要负责人为成员,建立招商引资工作领导小组、对口产业招商部门和对口产业招商团队的三级管理架构。

### 2. 适时调整的区域竞合关系

周友良等采用珠三角地区 27 个制造业的门类数据,进行了时间跨度为 2010—2016 年的区域内城市间竞合分析。[①] 研究结果显示,东莞与珠三角地区内的核心城市广州、深圳始终保持着高强度紧密联系,而与其他城市始终保持着中低强度联系。这主要是由于东莞凭借其区位优势,较好地承接了广州、深圳的产业转移和深圳的居住功能转移。但在产业互补与竞争关系上,三者则持续变化。以与深圳的产业合作关系为例,2010 年、2013 年、2015 年三个时间节点,东莞和深圳的关系分别表现为强竞争、强合作、强竞争关系。

我们认为这个结论很好地吻合了东莞与深圳两地之间的产业演替情况。2010 年以前,东莞产业转型思路相对模糊,一味借鉴深圳等地的产业思路,导致两地产业相对同构;2011 年以后,东莞聚焦"4+1"产业体系,打造大都市圈中次级城市综合营商成本相对低、宜居宜业宜游的复合优势,构建对高新技术产业的独特吸引力,形成高新技术产业集聚,因此在 2013 年时与深圳的产业合作表现出短暂的强合作关系。随后,东莞在 2015 年时产业结构高端

---

[①] 周友良,陈升,刘厚俊. 珠三角城市间竞合下的东莞制造业创新驱动发展研究 [J]. 科技管理研究,2018(4):91-96.

化，与深圳的产业结构再度趋同。未来双方会继续在这样动态的竞合关系中，适时调整，寻求各自的发展空间和路径。

### 3. 总体规划的领先性与时效性

松山湖科技产业园在2002年的规划[①]中前瞻性地将自身定位为"明日可持续发展的科技产业新城"，并且明确将高科技产业作为其主导产业，也开章名义地提出："这些著名的高科技产业园不仅具备尖端的研究机构、世界一流的科技水平、一流的科研人才，而且具有一流的生态环境。也正是由于如此诱人的综合品质，其为世界发展中国家所追逐。"松山湖科技产业园将生态环境放到了很高的高度。松山湖科技产业园在后续的建设中，也以非常的战略定力贯彻了这种规划理念。因此，"环境力"成为园区一个独特的竞争优势，在业界被奉为"产城融合"的一个理想范式。

### 4. 对新经济行业特征的适时响应

从各项经济指标的贡献率来看，高端新型电子信息产业已成为松山湖科技产业园重要的支柱产业，产业集聚效应明显，已经形成较为完整的电子信息产业群。据统计，目前松山湖科技产业园进驻的企业涉及通信、网络、光电、消费电子及集成电路设计、软件等信息服务众多领域。截至2018年，松山湖科技产业园已有电子信息企业和服务机构约1 100家。2018年，松山湖科技产业园电子信

---

[①] 中国城市规划设计研究院. 中国·东莞松山湖科技产业园总体规划说明书[R]. 东莞市松山湖科技产业园管委会，2002.

息产业实现工业总产值4 010亿元,占松山湖科技产业园园区工业总产值的95.3%。[①] 松山湖科技产业园以新经济产业为主的业态已然成熟。

根据新经济行业以人为第一生产力、企业选址充分考虑员工全面发展的需要等特征,松山湖科技产业园不仅从服务于企业生产的产业政策着手,而且充分发挥次中心城市的资源、成本优势,从人本关怀的角度直面"可支付的住房"这一大都市痼疾,创新制度,营造良好的人居环境,从而提高自身对企业的吸引力。

第一,控制土地价格,解决企业员工居住需求。2016年,在东莞土地楼面地价约10 000元/平方米的情况下,华为用16亿元拿下5宗地,折合楼面地价2 495元/平方米;2017年,华为用12亿元拿下3宗地,折合楼面地价2 495元/平方米,所有住宅将采用"限价销售",最高售价不得超过9 500元/平方米。廉价的住宅有利于华为吸引高端人才,从而助力华为的发展。

第二,细化住房政策,引进高端人才。在华为终端项目中,松山湖将提供3万套员工住房,单价全部统一为8 500元/平方米,只相当于深圳中心区房价的十分之一。分配方案采取的是积分排序形式,入职年限、东莞常住年限、年度绩效、公司荣誉称号等都能加分;分房对象是华为15~19级(包含操作)且入职满3年以上的正式员工,在东莞常住或2018年在东莞常住,并且夫妻双方都符合条件的(可购买一套)。

---

① 黄浩博. 创业看松湖:松山湖畔的华为效益[EB/OL]. (2019-12-10)[2020-07-15]. http://ssl.dg.gov.cn/kcj/cygs/content/post_2775151.html.

第三，完善教育配套，促进企业员工落户。在华为终端项目中，松山湖通过配置从幼儿园到高中的优质教育资源，促使企业员工落户松山湖。例如，松山湖规划部门提出了"东莞松山湖科技产业园区金多港地区控制性详细规划 D03、D06、D12-D21 等街坊一般调整"[①]的审议并获通过，要求对金多港地区进行控规调整，调整内容为在该 383 亩用地面积之内，将其中的大部分研发用地调整为二类居住用地，同时增加 3 所幼儿园和 1 所中学，设置在居住地块内，服务落户东莞的华为终端总部项目，作为其员工子女的教育配套。

第四，调整用地规划，更好满足职住平衡需求。2019 年 7 月，在第四届市规委会第 14 次控规与城市更新委员会会议上，《东莞松山湖科技产业园区东部地区及电子信息产业基地控制性详细规划重大调整申请》获审议通过。[②]本次调整重点是整合地块，将台湾园地块（面积 677 公顷）与临近的三角地（面积 129 公顷）整合形成"大地块"，以满足华为的用地需求。整合后，地块的总规划面积约 806 公顷，形成智能制造基地，配套两个居住组团，各居住组团规划居住，配套商业、学校、公园等设施。

---

[①] 市自然资源局. 市城乡规划委员会关于公布 2016 年第四次控规会议审议意见的公告 [EB/OL]. (2016-08-10)[2020-07-20]. http://land.dg.gov.cn/xwzx/gwhgg/content/post_162194.html.
[②] 市自然资源局. 第四届市规委会第 14 次控规与城市更新委员会会议审议意见的公告 [EB/OL]. (2019-10-25)[2020-07-10]. http://land.dg.gov.cn/xwzx/gwhgg/content/post_2120515.html.

## 四、案例总结

### （一）适应性创新是园区发展的根本之道

总结案例可知，上述园区发展面临的社会、经济、文化、政治、生态环境等截然不同，不同阶段面临的关键矛盾也不同，因此采取的关键举措也不同。比如：中关村生命科学园基于北京市全国不可替代、不可复制的科研优势，坚持走自主创新的路径；上海张江高科技园区由于上海国际化的产业基础和渊源，早期以外商直接投资为主，后随着国内外产业环境的变化、全球化进程加深、本地研发能力提升，最终也走向自主创新之路；东莞作为粤港澳大湾区的重要城市，利用紧邻粤、深优势，适时进行产业升级和置换。当然，上述园区也是有共同之处的。它们的共同点是：不同园区作为单个创新系统，系统内各个主体和要素都在持续自我发展和优化，它们的互动程度也在持续强化，最终以当时最优的方案应对园区发展过程中的各个问题和挑战。

### （二）科学的政府管治是创新发展的基石

政府通过科学的、因时而变的制度安排优化创新生态环境，能提升区域和产业竞争力。因此，不仅传统政府管控力较强的东亚地区（包括日本、新加坡、韩国、中国等）纷纷出台各类产业政策以促进区域产业创新，就是以市场经济为主导的美国，其硅谷地区发展的关键时期也处于政府强管控的政策周期。[1]

---

[1] 郎咸平. 美国政府是如何干预经济的？[EB/OL]. (2018-12-12)[2020-06-10]. https://www.jianshu.com/p/10bfa502242e.

例如，美国在20世纪20年代的大萧条后直到20世纪70年代，实施凯恩斯主义和罗斯福新政（罗斯福新政本质上就是国家垄断资本主义）；在70~80年代短暂的自由主义经济带来硅谷竞争力下降、电器电子行业被日本超越后，自90年代起开始实行新凯恩斯主义，克林顿、奥巴马都直接制订产业计划干预经济。此后，美国政府对经济干预的手段、力度和广度都日渐提高，尤其是在2008年全球金融危机以后。

与东亚国家不同的是，美国的制度设计更倾向于宽松、公平的市场竞争环境营造，少见东亚国家的选择性、竞争性产业政策，但其合理性也受到了质疑。经济学家玛丽安娜·马祖卡托（Mariana Mazzucato）在她的新书《创新型政府》中指出，长期而富有耐心的政府资助是突破性创新的绝对先决条件。[1]

## （三）科研院校是提高产业集聚本地根植性的重要因子

科研院校是知识创新的源泉。实证分析表明，科研院校强势学科与当地优势产业如能形成良性互动，能为各自发展赋能，相辅相成，比如硅谷的电子、生物医药、半导体等产业与硅谷几所高校的互动关系。因此，各地在创新系统建设中，都非常重视科研资源的引进。

近来，受互联网思潮的影响，有部分人认为高校的地域属性可弱化，即"不求所有，但求所用"，可通过更灵活的方式整合更多

---

[1] [英]玛丽安娜·马祖卡托. 创新型政府：构建公共与私人部门共生共赢关系[M]. 李磊，李东新，程单剑，译. 北京：中信出版集团，2019.

的科研院校，为我所用。在土地资源日趋紧迫、土地用途竞争激烈的区域，这当然是一种有效的选择性安排。

但我们认为，科研院校之于区域社会经济发展，除了科研成果输出、人才输出等显性影响外，基于校友关系形成的信任感，是城市这种"陌生人"社会中类似于乡村"血缘宗族"等熟人社会的一种强社会链接关系，是一种促进交易合作、降低摩擦成本的社会资本，更是一种隐形的、不可移动和复制的地域性资源。对于当前"松脚型"新经济来说，科研院校是强化区域根植性的重要因子。斯坦福力量之于硅谷、麻省理工之于128公路产业带、八大学院与中科院各研究所之于中关村、武汉光谷与区域内各大高校的关系等，都充分说明了毕业生创业与高校的关系。因此，在新一代二线城市的崛起中，"高校资源富集度"成为一个评判城市新经济发展潜力的重要指标。

## （四）金字塔形企业结构是区域持续发展的基础保障

庞大而活跃的小微企业、发展可持续性较好的中型企业、具有国际或国内影响力的龙头企业比例得当、各得其所，是一个区域持续发展的基础保障。

大型企业作为区域产业集群的龙头，不仅是大量中小企业的产品需求者，还是技术溢出、小微企业裂变式创业的源泉，更是区域对接全球资源和市场、融入全球产业链的窗口。同时，大型企业的重置成本高，地域锁定性（lock-in）较强；中型企业是培养大型企业的沃土，是承接大型企业关键外包服务需求的有力服务提供商，是稳定区域经济发展的压舱石；庞大而活跃的小微企业则是保持区域创新活力、探索区域经济新增长点的新极点。因此，过度聚焦龙头企业发展，容易造成区域产业单一、经济发展韧性和弹性不足；但若缺乏大型龙头企业，区域社会经济发展水平就会相对滞后。

### （五）专业化将成为未来园区发展的重要趋势

专业化带来的产业集聚效应有目共睹。未来，园区发展一大趋势将是专业化，传统大而全的产业新城、复合式产业园将逐渐裂变为一个个围绕核心产业的小集聚空间。

同时，由于早期的土地开发整理、基础设施建设等公益性较强，以及前期资金沉淀较大的事务渐趋完成，园区运营以产业培育、产业服务为主，园区管理也会逐渐趋于专业化管理，园区主体需及早从园区组织管理体系、人才储备等方面进行调整。

### （六）新的产业生态环境需关注人的全面发展需求

传统产业生态环境营造以服务生产的制度性框架设计为主，更多关注人的经济属性，忽略了人作为社会人、自然人的属性，对于人的精神物质文化需求、全生命周期劳动力再生产需求的满足度不够。因此，长期遵循严格的分区规划，产城割裂，严重影响了产业园的可持续发展。未来，产业园规划应以人为本并充分关注新经济主导的知识型人才的全方位需求，打造产城融合、功能齐全、配套高品质的新型都市产业集聚区。

## （七）成功的区域创新系统终将融入全球创新系统

从上述案例可以看出，不同园区发展的路径不论如何，都是经历了单体点式创新、本地创新网络、全球创新网络的演化过程。早期主要以单个企业尤其是大企业的内部创新为主，或者企业与大学（研究机构）的垂直纵向合作关系为主；随着园区发展、产业集聚效应形成，本地创新能力增强，CRO等业态发展，本地创新网络兴起；随着全球化程度加深、创新难度加大、不确定性加大，创新主体需要整合不同领域、不同层次的资源和合作主体来降低创新风险，提高创新成功率，从而形成多层次的全球创新系统。

# 第七章

# 适应性创新响应新趋势与新要求

全球化的深度和广度将决定中国产业园融入全球市场和创新体系的深度和广度;工业化的阶段不同,决定了区域的发展动力、竞争优势也不同,产业园的发展路径和模式也就不同;城市化的发展导向直接影响对土地和人两大资源要素的配置原则,从而影响产业园发展的基本逻辑。另外,政府执政理念及国企改革对政策环境、园区运营主体的要求也不同。上述几方面都是对园区发展有根本性影响的因素。因此,本章重点探讨上述几方面将有哪些新的趋势性变化,这些变化对园区运营的影响何在,为后续园区运营发展指明方向。

## 一、逆全球化思潮兴起使自主创新成为必然战略道路

当今世界,经济与科技的全球化进程不断加速,各个国家之间

的依存关系不断加深。与此同时，不同国家在全球化进程中的获得感不同，且多数经济主体经济增长滞缓、民众生活水平提升有限，甚至相对恶化，民粹主义、区域主义日渐抬头，导致"逆全球化"思潮愈演愈烈。世界范围内英国脱欧、美国大选特朗普的胜利等标志性事件表明逆全球化进入新的发展阶段。美国通过制造贸易摩擦、中兴及华为事件对中国在经济贸易和科技方面的打压，进一步坚定中国走自主创新之路，并将自主创新作为发展经济、突破科技封锁、提升国家综合竞争力的必然战略道路。

面对逆全球化思潮下世界经济发展动力不足的境遇，习主席多次将"创新"作为世界经济可持续发展的关键词，指出"世界经济面临的根本问题是增长动力不足，创新是引领发展的第一动力""创新发展是引领世界经济持续发展的必然选择""创新是第一动力，只有敢于创新、勇于变革，才能突破世界经济发展瓶颈"。自主创新将成为未来我国和世界经济发展的新动能。

高新技术产业园区是我国科技发展的重要载体，肩负着促进产业升级、实现科技突破的重任。当前，世界经济与科技革命新趋势促使产业园区加强自主创新的能力，提高自主创新的主动性，增强创新培育能力。园区应从管理模式、运营理念、制度体系等多方面构建创新发展体系，以培育园区企业自发展能力、提高企业在园区的根植性为目标，为企业自主创新提供优良的外部环境支持。通过产业园区对自主创新的支持，促进高新技术产业自主创新成果的产出，国家就能拥有科技发展自主权，争取国际知识产权领域更高的份额以及市场化财富分配的主动权。

## 二、后工业化时代产业特征促使产业生态环境优化

自新中国成立以来,经济增长伴随产业转型升级,中国的产业结构实现了从农业主导向工业主导迈进,并逐步完成工业化过程,进入以服务业、高新技术产业为主导的后工业化时代。这一时代以服务经济和高端产业为主,固定资产投资增速减慢,资本积累速度放缓,驱动经济发展的动力逐步由投资转变为创新,服务主体发生转变,对产业生态环境的要求也随之改变。

在新一轮科技革命下,社会主导的产业形态变化导致经济形态的变化,发展新经济是中国当前及未来的重大战略部署,是经济由高速发展迈向高质量发展的核心内容之一。在新经济形态下,以信息化、智能化等创新性知识带动的高新技术产业成为经济发展的主导产业。

区别于传统经济的产业主体,在新经济与后工业化时代的产业主体中,轻资产的中小型科技企业和服务型企业的占比较大。产业主体的变化对产业生态环境的要求也发生了变化,以高新技术为主的新经济产业主体对人才、金融服务以及服务平台等的需求更高,要求产业园区重新优化产业生态环境。针对产业主体特点与需求,产业园区要改变政策设计发力点,注重人才引进、金融服务、财政税收等方面的制度创新,优化企业创新发展的产业生态环境。

## 三、新型城镇化要求产业发展集约内涵式增长

伴随工业化、信息化与现代化的发展,非农产业在城镇集聚、农村人口向城镇集中的城镇化过程是人类社会发展的客观趋势,也是国家现代化的重要标志。从新中国成立至今,我国城镇化经历了漫长的发展过程,2018年城镇化率为59.6%,我国进入城镇化中期发展阶段。

该阶段转向强调以人为本的城镇化,推进农业转移人口享有城镇基本公共服务,致力于实现从空间城市化向人和产业城市化的转变:改变"摊大饼"式用地的粗放低效的扩张模式,从"增量扩张"转化为"存量提升",严控增量,盘活存量,优化结构,提升效率,切实提高城镇建设用地集约化程度;同时,摒弃粗放的经济增长模式,加快转变城市发展方式,提倡集约内涵式增长方式,优化城市产业结构及空间结构,强化城市创新能力与产业支撑能力。

产业是城镇发展的支撑,城镇化是加快产业结构转型升级的重要抓手,新型城镇化的发展目标与特点要求产业持续转型升级,改造提升传统产业,淘汰落后产能,壮大战略性新兴产业。产业园区作为产业集聚与转型升级的重要载体,在新型城镇化以人为本、提倡集约内涵式增长方式的要求下,要在人才政策、土地政策等方面进行制度创新,强调以人为本的城镇化,加快实现人和产业内容的城镇化。

## 四、政府职能由管理向服务转变

伴随生产力的不断发展，我国从计划经济逐步走向市场经济，政府在其中扮演着至关重要的角色。面临新型全球化的趋势，在不断全面深化的改革中，政府要继续加快职能转变，以适应市场主导资源配置与经济发展的需求。从改革开放我国开始走上市场经济道路起，围绕处理政府和市场之间的关系，以个体和产业主体的需求为导向，以引导和扶持市场引领产业发展，推动产业升级与经济持续增长为目标，我国在改革开放后的40多年中不断深化政府职能转变。

政府通过职能转变协调与市场的关系，厘清政府和市场的边界，优化"小政府、大市场"模式，构建有效的小政府和有效的大市场。在简政放权做减法的同时，政府加强监管增强服务，做必要的加法和乘法，积极推动政府职能由管理型向服务与监管型转变。

党的十八大以来，政府职能转变对开发区、高新区以及产业园区的运营提出新要求，即通过制度规划的改革创造良好的产业生态环境。在组织管理机制方面，我们要根据园区产业特性、发展阶段等，适时优化，合理选择政府主导、区政合一、市场化运营等不同管理模式，匹配不同阶段产业园区的发展需求。在招商运营方面，我们要发挥服务型政府优势，打造服务型招商机制。政府以市场规律为导向，通过提供公共服务营造良好的招商投资环境，提供完善的配套，从招商向育商转变，提高园区内生发展能力，形成完整健康的产业生态系统,为企业创新发展提供保障体系。

## 五、国企改革促使产业发展理念转变

国企改革是我国经济转型发展的重要内容,是国有企业适应市场经济发展、增强市场综合竞争能力的必要过程。从 1978 年十一届三中全会开始,国有企业开始探索"扩权让利"等改革手段,调动企业经营者积极性、主动性和创造性。经过近 40 年的摸索与推进,2013 年中共十八届三中全会通过《中共中央关于全面深化改革若干重大问题的决定》,标志着国企改革进入全面深化阶段。这一阶段,我国推动国企实行整合重组、公司制改革、混合所有制改革等一系列改革措施,以建立适应市场经济发展要求、能够自负盈亏的市场主体为目标,探索适应市场经济发展要求的国有资产组织形式,实现公有制和市场经济的有效结合,推动经济快速稳健发展。

园区作为产业发展的载体,在国企改革和政府职能转变的推动下,也经历了从政府主导向企业运营的转变。园区肩负着推动产业优化升级、深化自主创新的重任。在政企分离模式下,以企业运营为主、政府服务为辅的园区运营模式,对园区优化组织管理机制、创新发展理念、提升运营能力、完善自主创新体系等提出新的要求,同时也提供了更为广阔的创新发展空间和服务保障。

上述发展新趋势对产业园区的运营发展提出新要求。我国科技尤其是高端技术的创新要实现由单向输入的模式，向以自主创新为核心的双向创新模式转变；产业链条要逐步从低端向高端跃迁，从资源要素驱动发展向创新驱动发展转变；创新体系要由关注点式、个体、单一环节的选择性创新，向体系化、机制化、公平的创新系统重构转变，从而推动创新能力实现以"跟跑"为主的"跟跑、并行、领跑"并存，向"并行、领跑"为主的转变。

# 04 第四部分
## 适应性创新赋能园区可持续发展

# 第八章

# 主体创新，打造创新中枢

本章将结合成功案例，探讨园区各个创新主体在新的趋势下自我调适、发展的方向，以更好应对新时期、新阶段和新趋势下园区可能面临的问题和挑战，夯实园区创新能力，保障园区持续优化发展。

## 一、组织管理体制优化

### （一）从政府主导走向专业化运营时代

经过近 30 年的发展，高新区在发展过程中根据不同时期、不同地区的特点探索出多种类型组织管理机制，主要有政府主导型、政企混合型和专业化运营型三种，其中政府主导型又细分为管委会型和政区合一型（见表 8-1）。

表 8-1　中国高新技术开发区组织管理机制

| 管理机制<br>特征 | 政府主导型 | 政企混合型 | 专业化运营型 |
| --- | --- | --- | --- |
| 园区<br>特征 | 成立时间较长，园区规模大，涉及事权多 | 成立时间较长，园区规模大，涉及事权多 | 规模相对较小，多为园中园或专业园 |
| 重点<br>工作 | 一、二级开发及招商运营 | 一、二级开发运营和招商运营 | 引入多样创新支撑要素，培育自主创新主体，构建创新生态系统 |
| 代表<br>园区 | 武汉东湖高新区、南京高新区、杭州高新区 | 西安高新区 | 上海紫竹高新区 |
| 管理机制<br>特征 | 政府主导型 | 政企混合型 | 专业化运营型 |

政府主导型管理机制是指，政府统一规划和统一管理的模式，由政府或政府机构行使行政管理职能和牵头组织有关职能部门的领导小组，负责项目审批、规划定点、房地产开发、人事劳资、招商引资等工作。而进一步细分的管委会型和政区合一型管理机制的主要差别在于，职能部门任职人员的派出机构不同：管委会型的派出机构主要为所在地市政府，行使市一级经济管理权限和部分行政管理权限，下设直属机构和市属分支机构，实行"一栋楼办公，一个窗口对外，一个图章到底"的责权配套、高效运转的管理体制；政区合一型的派出机构主要为所在行政区政府机构，通常为高新区与所在行政区合一的管理体制，实行一套机构、两块牌子的集中管理，减少管理层级，体现了精简高效和扁平化的管理特点。

政企混合型管理机制是指，行政职能和园区运营管理职能分开，一般是高新区管委会负责行政事务，总公司负责园区的经济开发和经营，这样能有效兼容两种体制的优越性。

专业化运营型管理机制是指，由市场化的专业运营公司统筹负责园区的开发、运营与管理。

政府主导型管理机制的代表园区为武汉东湖高新区。东湖开发区的职能部门是市政府的派出机构，但主要的经济管理权限仍集中在市级部门、区级部门或省级部门，开发区职能部门实际上只能起到一个协调机构的作用。

- 管委会型管理机制的代表园区为南京高新区，其管委会作为上级政府的派出机构，被赋予市级经济管理权限，作为管理部门实行一站式服务。
- 政区合一型管理机制的代表园区为杭州高新区和滨江区。2002年6月，杭州市委、市政府调整高新区和滨江区管理体制，实行两块牌子、一套班子，全交叉兼职，既按开发区模式运作，又行使地方党委、政府职能，使开发区和行政区合一。

政企混合型管理机制的代表园区为西安高新区，管理运营机构除管委会外，还有通过市场化机制成立的西安高科集团公司。管委会行使市级管理权限，对高新区实行统一管理；集团公司则负责园区的资金融通、土地开发、基础设施配套、市政设施建设维护和部分高科技项目投资。

企业主导型管理机制的代表园区为上海紫竹高新区，其管委会融合了董事会、专家组的职能,只从宏观上给予指导,园区运营管理都由高新区集团公司负责。

由于早期园区建设规模大,前期资金投入沉淀大,需要协调的社会经济问题较多,管理的边界和范围较广,因此多数产业园以政府主导型或政企混合型管理机制居多;后期随着园区专业化、进入存量运营为主的时代,产业园以专业化运营商为主体的趋势会越来越明显。

## (二)专业化运营管理能力的构建

园区专业化运营能力是建立在厘清政府管理边界、让企业拥有高度的自主权的基础之上的。政府的主要工作为制定开发目标、遴选园区运营企业、创新体制机制和适时制定相关政策确保园区创新始终保持活力等;企业则负责园区规划、建设管理、市场推广、产业服务等工作,这样产业园就既能发挥市场在调节供需、优化资源配置方面的功能,又能通过政府的有力参与约束市场的无序、过度行为,推动园区更好地实现资源合理配置和长期平稳发展。我们以"纬壹科技城"的运营商新加坡裕廊集团为例,示范国际园区运营商在应对复杂的国际竞争环境时应具备的关键能力。

### 1. 建设管理能力

一是,专业化的园区建设能力:基于对园区产业的深刻理解,站在产业创新发展的角度,打造优质空间载体。例如,纬壹科技城基于对生物医药、信息通信和媒体三大知识密集型产业的深度认知和新经济形态的不确定性,结合将聚集大量科学家、企业家和研究人员等创新性人才的特性和共性，在前瞻性的规划理念及建筑设计和弹性的土地供应管理制度等方面进行超前性、富于弹性的开发建设。

二是，前瞻性的规划理念。纬壹科技城突破了传统产业园严格功能分区、产城分离的规划理念，以"产城融合"的规划理念将工作、学习、生活、休闲多种功能融合，并基于此建立起各种正式或非正式的社交网络，为人与人之间的交流创造机会和空间，增进互动，打造一个包容、创新和充满活力的公共空间。建筑设计提出了"每一栋建筑都是一个创新社区"的理念，比如在纬壹科技城的很多楼宇内，既有研究机构、科技企业，又有居住公寓、零售与休闲配套商业单位，还有科技孵化器和政府服务部门，实现垂直空间的多种功能融合，并根据每栋楼内细分产业特点，嵌入不同的业态来满足其个性化需求。

另外，纬壹科技城内几乎每座建筑都相通，你可以沿着走道通往不同建筑。办公楼底层则设有西餐厅和咖啡馆，这种非正式的"第三空间"能够鼓励交流，促进创新。

三是，创新土地管理制度。根据新经济企业发展不确定性大、对空间需求弹性较大，纬壹科技城创造性地提出了"白地"的概念，即在政府允许的"白色"地块范围内，开发商可以根据需要，灵活决定土地性质、土地其他相关混合用途以及各类用途用地所占比例。这增加了土地利用的兼容性和规划变更的灵活性，为园区的发展预留了极大弹性和自主权。

四是，全生命周期的物业管理能力。从规划设计、施工阶段的工程发包与管理、设施设备的购置和安装、兴建完成后的点交与契约的制定、运营期的管理及维护到资产管理等整个生命周期过程，纬壹科技城都有物业管理的介入，以确保物业维持在最佳状态，并创造物业的价值。

建筑物从设计阶段就引入了"全生命周期"的概念，采纳来自物业管理企业的建议，从业主或使用者利益出发，提供专业咨询和规划建议，采购质量优秀的设备，通过良好的现场安装调试，搭建起与后期管理的链条，从而实现以较低的建造和管理成本，为人们提供便利的工作和生活服务，最后在建筑物或设备设施整建、拆除的评估与执行阶段，提供创造物业新的契机与利益的服务。

### 2. 产业运营能力

一是，完整的基础服务。园区围绕客户需求提供全方位的基础服务，主要服务内容为首问负责制及一站式服务、客户服务小组和打造舒适高效的工作环境三大内容。

其中，首问负责制是指，在来电、来信或者来人咨询时，首位接待或受理的工作人员认真解答，一次性告知所需的全部资料和办理程序，并负责办理或引荐到相关窗口办理；一站式服务是指，为企业的投资许可、营业执照、城市规划与建设设计许可、劳动力、税收、进出口报关等提供"一站式"的集中服务，有效降低了企业与政府相关的交易成本。因此，通过首问负责制及一站式服务，园区能够精准对接企业需求，以问题导向保证服务实效，打通企业入驻园区的"最后一公里"。

客户服务小组要对园区预招商的企业进行发展状况的跟踪以及各项服务需求、统计数据的收集与分析，提供精准的服务；对园区入驻企业，提供企业服务解决方案，监督职能部门（子公司）的客户服务主管的解决过程并负责问题处理后的信息反馈。园区要使客户服务小组真正成为园区外部对口企业求助的纽带、内部入驻企业服务解决方案的整合者。

园区要打造舒适高效的工作环境，将"亲商"的理念深度植入，组织各种活动，比如科技园工作与游戏日（年度运动会）、年度健康生活周、专属租户的主题租户活动和有利于企业发展以及企业需求的对接会、研讨会等，从而营造创新园区的活力与积极性，打造集工作、生活和娱乐于一体的综合性生态科研商务园区。

二是，超前的企业发展服务。为了抓住国际产业发展机遇，参与全球创新系统，帮助园区企业做大做强，园区要构建前瞻性的产业判断力、全球范围集中招商能力、服务全球扩张能力和精准政策设计能力四大运营服务能力。

前瞻性的产业判断力，即通过对世界产业发展规律的研究，分析世界产业走向，科学规划适合园区的产业发展重点和方向，抢先一步开展大规模的招商引资工作，营造园区产业创新聚集地。

例如，新加坡于20世纪90年代初在全球设立研究机构，对世界生命科学产业发展情况进行分析，认为世界生命科学还处在初级阶段，21世纪将是生命科学大发展的时代，决心把它发展成为继化学、电子和工程以外的第四大经济发展支柱。为此，为了促进生命科学业的发展，新加坡政府成立了生命科学部长级委员会、执行委员会和国际咨询理事会等部门，负责领导和协调新加坡在生命科学领域的发展；同时，政府从世界各地网罗生命科技人才，拨出50亿新元投入生命科学的研究。

全球范围集中招商能力，即在世界发达国家建立先进的国际招商团队，网罗世界各地的精英人才，吸收具有各类专业知识，特别是具有产业背景的专家进入招商队伍，以保证对所洽谈的新兴产业项目及其发展方向都有较深的研究和准确的把握；采用项目信息收集、联络和推销的流程和方法，引入大型跨国企业来带动相关行业的其他企业跟进，形成产业集聚。

产业园主要集中招商引资三类目标企业：战略性公司，重点吸引其资本和市场；科技创新型公司，重点吸引其核心产品和研发技术；跨国公司的重要部门，重点吸引其最复杂的生产程序和最先进的生产技术。这种战略性招商引资能将产业园区变成引领世界产业潮流的战略化产业基地。

服务企业全球扩张能力，即在全球设立海外研究中心，研究各国的法律法规、产业优惠政策、贸易壁垒等，为企业在海外扩张提供咨询或当地市场协助。

例如，新加坡设立国际企业发展局——为促进新加坡企业发展海外经济合作专门设立的政府机构，其下设四大部门：创业部，为有意国际化的企业提供网站客户研究、商务发展等服务；能力发展部，为将要国际化的企业提供品牌设计、人力资源及知识产权等服务，让其做好走向国际化的准备；贸易促进部，宣传新加坡作为国际企业都会的形象，提升企业的出口能力；国际业务部，为企业在海外市场提供当地协助。另外，企业也可通过新加坡国际企业发展局的国际市场资料库和联系中心获取资料，或是与发展局专家开展研讨会、讨论会和咨询会，掌握有关海外市场的信息以及出口外销策略，走上国际化扩张之路。

精准政策设计能力，即通过对世界的经济趋势把握，在面对国际产业转移浪潮时，及时制定新的产业发展政策，引导产业的发展方向，敏锐地抓住世界产业转移的机遇，吸引全球众多顶尖大企业、大集团进驻。

例如，新加坡在20世纪60年代为了抓住发达国家低端制造业海外转移的机遇，出台了经济扩张刺激法案和土地征收法案以给予外国企业5年的税费减免优惠，大量引进劳动密集型的跨国企业。

又如，为了吸引国外投资，新加坡针对不同行业制定了可操作和长期稳定的优惠政策，具体为：针对从事环球贸易并具有良好口碑的国际企业，制定了环球贸易公司的税收奖励办法；针对区域或国际总部，制定了较低的企业所得税税率政策，目前，大约有2.6万个国际公司立足新加坡，三分之一的《财富》500强公司选择在新加坡设立亚洲总部。

### 3. 金融运作能力

产业园区开发具有资金需求量大、投资回报期长的特点，因此资金的融、投、管、退问题至关重要。裕廊集团采取的园区资本运作模式是产业园区发展+资本运作同步模式。

园区开发之初，将项目分解成资产包，然后分三个阶段进行运作：第一个阶段为增加资产阶段，引入资本进行开发建设，基本完成园区物业建设，形成固定资产；第二个阶段为增强资产阶段，招商运营的租金稳定，增值服务费不断提升，园区开始培育成熟项目；第三个阶段为剥离资产阶段，通过REITs（不动产投资信托基金）的形式打包出售资产以回笼资金，并支持下一项目的开发或收购，从而形成资本运作、园区开发、产业集聚之间的良性循环，其中资本运作成为园区开发的撬动杠杆。

最后，园区通过建设管理能力、产业运营能力和金融运作能力的构建，实现服务品牌化输出。首先，将服务产品进行设计包装，提炼核心竞争力，形成"服务品牌"；其次，组建一支涵盖规划师、建筑师、工程师、实验师的专业团队，保证一个价值链完整服务的提供；最后，提供一站式专业咨询服务体系，具体包括总体规划、基础设施规划与设计、选址、建筑设计、设备及工艺设计、项目管理、设计及建造等服务产品，成为领先的商务空间解决方案提供者，进一步参与到国际竞争中。

目前，裕廊集团的服务管理品牌在全球116个城市拓展了750多个项目，代表性的有印度的班加罗尔国际科技园、菲律宾的卡梅尔第二工业园、越南的新加坡工业园以及中国的苏州工业园等，同时该服务管理品牌也成为新加坡外交的手段之一。

## 二、创新发展理念和赢利模式

### （一）走向利益共同体

改革开放以来，中国各地方政府为了加快本区经济发展，纷纷设立开发区和工业园区，以政府搭台、企业唱戏的组织形式为主，其中招商引资扮演着重要的角色。但由于大部分园区在招商引资时为了完成目标，能引入什么项目就引入什么项目，不加筛选，企业只是在地理空间上集中，产业间没有相应的关联度，产业链上游、中游、下游之间的联系松散，衔接不紧密，环节不全，较难达成经济外部性和经济发展的规模效益，最终导致园区产业"集而不聚"，很难形成园区影响力，也使招商工作变得非常困难。

因此，在新的趋势下和产业园区新的发展阶段，园区普遍要进入"转换发展动力"阶段。园区内生的发展动力主要体现在招商育商新模式的构建和发展专业化产业园区两个方面。

### 1. 招商育商新模式的构建

随着高技术含量、高附加值、高产业带动性的战略新兴产业成为众多园区的主导产业，以及园区已积累了一定产业基础，园区建设要以"育商"为目标，促进园区内部企业的成长，提高自己的竞争力和影响力，然后反过来吸引企业，进行更高层次的"招商"，形成一种良性循环。

另外，通过整合园区内产业链条的上下游企业，园区可以引进产业服务商、平台服务商，通过平台服务吸引相关入园企业，从而实现从产业的物理集聚转化为产业的化学集聚，园区各个主体之间形成共赢式伙伴关系，整体上推动园区产业价值链高端化升级。

### 2. 发展专业化产业园

发展专业化产业园是开发区的创新发展之路，是培育产业链经济、实现区域经济转型升级的重要抓手,其可以促进同类产业和产业链上合作互补产业的聚集和整合,实现行业规模经济和区域规模经济,有助于产生"溢出效应"。企业在这样的区域环境下可以获得更高的生产效率,从而形成产业整体竞争优势。同时,目前形成的链式产业集群、模块化产业集群、跨界融合产业集群,它们在空间上就表现为各式各样的专业产业园,"小而美"的专业园区呈现出更强的活力和竞争力。

根据企业区位选择理论中的"要素禀赋论"和"比较优势理论",园区产业选择和培育主要考虑地方资源要素特征和全球产业的分工与竞争情况。瑞典经济学家贝蒂·俄林(Bertil Ohlin)提出的"要素禀赋论",亦称"赫克歇尔–俄林理论""H–O 理论",表明"各国间要素禀赋的相对差异以及生产各种商品时利用这些要素的强度的差异是国际贸易的基础,认为一国应该出口由本国相对充裕的生产要素所生产的产品,进口由本国相对稀缺的生产要素所生产的产品"。

因此,专业化园区在主导产业选择和培育时,既要对区域的自然资源、自然环境等资源因素进行分析,又要对人口、劳动力、资金、市场、运输、投资软环境和智力资源等社会经济及科技资源进行分析,还要分析现有存量、潜在供给量和流动性等,从而形成区别于其他园区且具有独特竞争力的产业集群。

大卫·李嘉图(David Ricardo)在"比较优势理论"中提出"国际贸易的基础是生产技术的相对差别(而非绝对差别),以及由此产生的相对成本的差别,每个国家都应根据'两利相权取其重,两弊相权取其轻'的原则，集中生产并出口其具有'比较优势'的产品，进口其具有'比较劣势'的产品"。因此，专业化园区在进行产业筛选和培育时，也要考虑园区外部环境，不仅要关注到长三角、京津冀、粤港澳等区域，更要关注国内外产业发展趋势，分析经济技术发展趋势、国际产业转移趋势、国家宏观产业政策与布局及产业区际分工与联系等。

所以，通过对园区所在地方资源要素和园区外部宏观趋势进行系统分析，专业化园区要确定主导产业，从而带动上下游相关企业，形成产业链和产业集群，快速培植主导产业，打造园区的特色和核心竞争力。

## （二）全周期运营，多点赢利

当前，我国处于后工业时代、市场需求快速变化、深化供给侧结构性改革的新形势下，随着各类产业园区发展由开发建设阶段进入产业运营阶段，产业园区依赖土地收入的传统园区赢利模式已经逐渐遇到瓶颈，大量园区运营处于盈亏平衡或略有亏损的状态，亟须从销售土地、销售物业的重资产模式向产业运营、品牌输出的轻资产模式转变，由单纯的土地依赖向综合的"产业协同"和"产业培育"转变。

园区收入来源主要为园区管理方面和投资方面，其中园区管理方面分为产业运营和品牌溢出两大类，具体在产业运营中的表现形式为运营、管理、金融、资源、服务、孵化和平台等的构建。

管理方面收益主要源于"两大类，六小类"。两大类为产业运营收益项目和品牌溢出收益项目；六小类为产业增值服务、公共技术服务、物业管理服务、商业配套服务、外拓园区开发建设和委托运营管理。

产业运营收益项目,主要由产业增值服务、公共技术服务、物业管理服务和商业配套服务四种服务项目获取收益。其中,产业增值服务通过投融资服务平台、人力资源平台、政策扶持平台、企业管家平台、企业交流平台和数字化智能平台六大平台提供各种产业服务(见表8-2)。

表8-2 大平台提供的产业增值服务内容

| 平台名称 | 提供服务内容 |
| --- | --- |
| 投融资服务平台 | 整合银行、科技租赁、资产管理等多元化、低门槛、低成本的融资渠道,着力解决中小企业融资难题 |
| 人力资源平台 | 与高校和人才市场联合,为企业提供招聘和培训等服务 |
| 政策扶持平台 | 提供优惠政策咨询、申报、高新技术认证、申请专项扶持资金等服务,为企业及时利用好政府各种优惠政策提供服务 |
| 企业管家平台 | 提供两大类服务:一类是商务邮箱、网站搭建、商业用户电脑及网络代理维护、系统集成搭建、企业主机托管、宣传推广服务等办公信息相关服务;另一类是工商注册、专利申请、信贷申请、审计咨询、知识产权代理、法律咨询等专业技术支持类相关服务 |
| 企业交流平台 | 以业内交流、专业培训功能为园区企业扩展商机、提升企业竞争能力,例如提供企业高峰论坛、商务群英红酒品鉴会、企业家俱乐部等服务 |
| 数字化智能平台 | 结合物联网、云计算技术,为企业提供各种信息化服务 |

公共技术服务主要通过园区公共性技术平台为园区企业科研提供相应的支撑和服务获取收益；物业管理服务主要通过提供物业管理服务获取收益；商业配套服务主要通过有偿提供餐饮、娱乐、购物、医疗等配套服务获取收益。

品牌溢出收益项目，主要通过外拓园区开发建设和委托运营管理获取收益。其中，外拓园区开发建设主要通过使用园区塑造的品牌，获取外拓园区的土地一级开发，以 BOT（建设—运营—转让）、土地入股等方式获取收益。委托运营管理主要通过两种形式获取收益：第一种，紧密型，以委托管理方式形成深度合作关系，进行园区招商、物业经营、产业服务等工作，收取托管费＋租金比例分成；第二种，松散型，仅提供品牌租赁、咨询、协助招商等服务。

投资方面收益主要源于产业直接投资和产业股权投资两类。其中，产业直接投资主要是建立或控股专业性的产业投资机构，通过天使基金、风险投资、私募股权投资等直接投资产业。产业股权投资主要通过两种形式获取收益：第一种，服务换股权，为入驻企业提供"免房租、专业技术指导、资本或资源对接"等一系列服务扶持，或未来成立相关的实验室，供企业免费使用，从而换取优质企业的股权；第二种，产权换股权，用物业产权换取入驻园区企业的产权，等企业上市或再次融资时可以选择获利退出，具有长期发展潜力的企业股份可长期持有（见表8-3）。

表 8-3　产业运营阶段收入主要来源情况

| 收益类型 | 收益项目 | 服务内容 |
| --- | --- | --- |
| 管理方面收益 | 产业运营 | 产业增值服务 |
| | | 公共技术服务 |
| | | 物业管理服务 |
| | | 商业配套服务 |
| | 品牌溢出 | 外拓园区开发建设 |
| | | 委托运营管理 |
| 投资方面收益 | 产业投资 | 产业直接投资 |
| | | 产业股权投资 |

## 三、创新园区筹融资模式

产业园区的开发建设主体大多为城市开发投资公司（以下简称"运营公司"），它们在产业园区的建设过程中发挥着关键作用，但其飞速的发展难免导致众多问题的出现，例如举债缺乏规模控制、融资成本高企、资产负债率高、经营亏损、风险防控机制不健全、依赖政府补贴等财务问题。在经济转型和自 2010 年以来国家系列政策倒逼的形势下，运营公司创新筹融资模式，拓展融资渠道，形成了长短不同的融资模式的组合。

### （一）提高直接融资比例

#### 1. 抓住国家政策机遇，提高直接融资比例

《关于推进国家级经济技术开发区创新提升打造改革开放新高

地的意见》(国发〔2019〕11号)明确提出,"积极支持符合条件的国家级开发建设主体申请首次公开发行股票并上市",这为园区运营公司上市打开了"窗户",因而其应积极开展股权融资,提升资本实力,降低负债水平。

通过上市扩大企业融资渠道与融资市场,搭建多层次、多渠道的投融资支撑体系,能在短时间内为运营公司发展补充足够的资金资源,更重要的是构建了企业通向资本市场的长期通道。一旦上市成功,企业就能享有更多的创新融资机会(新股发行、增发股票、权证、发展类 REITs 等)。这既能促进运营公司结构优化、信用优化、管理优化,也有利于提升运营公司的品牌效应,提升其在市政府乃至全行业内的声誉和地位。因此,无论从短期还是长期来说,企业上市都具有积极的意义。

另外,上市募集到的资金是权益类资产,无须还本付息,还可以降低企业负债比例,使企业财务状况进入良性发展轨道,进一步提升企业融资能力。

### 2. 做好上市融资合规性改造,提高上市成功率

企业上市是个"系统工程"。企业首先要合法经营,进行上市前合规性改造,然后在改制成功的基础上进行申报系列工作,接受"保荐人"一年辅导,完成"发行申报"材料和报证监会核准等,直至最后上市成功。百度百科对运营公司的定义是:"此类运营公司大多是不具备赢利能力的,属于事业单位或者国有独资公司性质,它们通过政府补贴的方式实现盈利,属于带有政府性质的特

殊市场经营体。"其中,园区运营公司的开发建设资金主要源于银行贷款、政府财政拨款和土地出让、转让或租赁等的收益,因此园区运营公司需要提前筹划,对资产、业务、机构、财务四个方面进行上市前合规改造,尽快推进入市进程。

**(1) 资产重组与剥离**

运营公司对现有资产进行梳理和分析,进行整体性构建,对于与主营业务相关度低的或低效资产,按照企业会计准则的要求进行重组或剥离,具体可以从以下三个方面构建资产:

首先,对经营性资产的整合重组,即对自身的资产进行梳理、清查,并根据运营公司发展战略及业务板块构造,通过股权划转、政府划拨、出让出售等方式注入资产,扩大资产规模和经营实力。

其次,对公建类资产进行剥离或以PPP(政府和社会资本合作)模式运作,主要有两种形式:一是运营公司需要根据具体情况,对这类资产进行剥离,并换取政府方的资本金注入;二是将这类资产与经营性资产进行捆绑运作,通过PPP模式实现存量资产的盘活,引入优质合作伙伴,提升经营水平和赢利能力。

最后,通过外部资产收购,优化资产结构。运营公司需要立足于自身的发展战略,展开对外部优质资产的收购;可采用并购、联合、收购、控股、参股等多重形式,实现对外部优质资产的获取及控制,增强公司可持续经营能力。[1]

---

[1] 万文清, 余秀娟. 新形势下政府平台公司融资创新思路[EB/OL]. (2018-07-12)[2020-02-28]. https://www.sohu.com/a/240782544_726670.

### (2) 核心业务重构

国有制的园区运营主体多数为地方平台公司，它们形成了多元化的业务体系，主要分为公益类业务和商业类业务两大类，其中公益类业务又分为准经营性和经营性两类。公益类业务主要是指不以营利为目的，不能或不宜通过市场化方式运作的业务。其中，经营性业务主要为园区产业提供服务，比如国家或地区大型项目的建设等；准经营性业务主要为园区提供基础服务，具有稳定的业务来源及现金流，比如水务、垃圾处理、污水处理等。商业类业务主要是指以营利为目的，且能够采用市场化方式运作的业务，如产业运营类相关营利业务等（上市时选择这类业务作为上市主体的核心业务）。

根据《首次发行股票并上市管理办法》《公开发行证券公司信息披露的编报规则第12号——公开发行证券的法律意见书和律师工作报告》（证监发〔2001〕37号）等法律法规要求，上市主体的业务应具备主业突出、赢利能力强等特点，因此运营公司务必进行业务转型，构建经营性与准经营性业务结合的多元化业务体系。

中新集团招股说明书和天风证券研究所的相关资料显示，运营公司业务转型主要有三类方式：纵向一体化、多元化、纵向一体化与多元化相结合。

纵向一体化方式，主要是指利用土地开发的专业优势和资本优势将业务向行业价值链的下游环节拓展，即向土地深度开发和物业开发、物业出租、商品房开发销售、市政公用和物业管理等拓展；多元化发展方式，是指集中布局多种产业类型以及具有较高科技含量和未来成长性的专业化园区，比如新材料、新能源和医药等领域，以避免单一产业过度集中可能导致的在产业下行周期对园区经济造成冲击；纵向一体化与多元化相结合方式，是指既发展下游产业链，也投资专业化园区，凭借园区产业运营经验，积极通过资本运作投资园区企业，以获得长期稳定的投资收益。

**（3）现代企业制度的建立**

园区运营公司大多是国有独资或者国有控股企业，虽然它们可能已经完成了股份制改造，但是相当数量的运营公司的企业制度、公司治理等不能满足上市的要求，需要进行现代企业制度的再造。这需要引入新的资本和管理理念。

按照《中华人民共和国公司法》和公司治理结构规范运作要求，运营公司在机构层面必须有股东大会、董事会、监事会、独立董事、董秘等；在制度层面需要具备章程、三会的议事规则、关联交易制度、内部控制制度等。

因此，运营公司需通过机构层面、制度层面和用人机制方面的改革，推动建立完善的现代企业制度：建立董事会和规范董事会建设，优化董事结构，引进外部董事，完善董事会制度，规范董事会运行；完善权责对等、运转协调、有效制衡的公司法人治理结构；明确董事会聘任经营层，公司总经理对董事会负责，组织实施董事会决议，按章程规定行使职权，定期向董事会报告工作。

同时，运营公司应制订人才引进与培养战略规划，创新选人用人机制，建立职业经理人制度，优化人才结构；可实行聘任制、绩效考核制等，积极引进高素质、高水平的金融、管理、工程方面的外部人才，不断增强核心竞争力。

**（4）财务合规性**

企业上市首次公开发行股票并在创业板上市的申请文件包括：财务报表及审计报告、盈利预测报告及审核报告、经注册会计师核验的非经常性损益明细表和主要税种纳税情况的说明及注册会计师出具的意见等。其中纳税合规是发审委关注的重点问题之一，因此运营公司应根据上市的财务合规性要求进行提前准备。

例如，资产及债务的重组、剥离过程涉及企业所得税、企业增值税、土地增值税等各种税项，运营公司在制订重组方案的过程中，应详细测算税务影响，并依法计提及缴纳相关税费。同时，在会计报表与纳税申报出现差异时，运营公司需要进行调整，提供调整报告和解释说明，并结合企业特点适用的会计准则和会计信息，提供纳税申报记录、完税证明等。盈利应源于主营业务，运营公司应当具有完整的业务体系和直接面向市场独立经营的能力，而不应过度依赖投资收益、金融工具或政府补助等收益。

## （二）统筹基础资产规划，进行资产证券化

在长期为我国地方政府提供基础设施建设和公用事业服务的过程中，运营公司形成了规模较大的资产，大部分已进入运营期并产生持续稳定现金流，所以运营公司有着进行资产证券化的天然优势。通过资产证券化进行融资，可以将未来若干年的收入变现，提前收回投资，补充企业现金流，提升资产利用效率，降低融资成本。

运营公司所持有的资产，可以分为经营性资产、准经营性资产和非经营性资产三类，其中经营性资产和准经营性资产能创造现金流，可以作为资产证券化的基础资产。基于运营公司的财务报表具体分析，资产证券化的基础资产主要有两类：一类为债权类，主要包括BT合同（建设—移交合同）债权、应收账款债权等；另一类为收益权类，包括像自来水、燃气、污水处理等公用事业收费、高速公路收费、商业地产和物业出租收入等。

运营公司将其可资产证券化的基础资产进行统筹并加以组合，出售给特定发行人，然后再以其现金流为支持发行证券化产品出售给投资者，能够调整负债结构，提高资产流动性。

## （三）盘活存量资产，充分利用融资工具

运营公司要加强资产管理，在对庞大的资产尽心梳理、优化、整合后，制订资产分级管理、分类管理、宜租则租、宜卖则卖、公开透明的资产处置方案，实现资产价值最大化，并且充分利用资本市场，积极尝试债权信托、融资租赁、产业基金等多种融资工具。

其中，债权信托是将委托人难以或无暇收回的大金额债权作为信托标的，委托信托投资公司管理、运用或者处分，实现信托资产的盘活和变现。运营公司通过债权信托融资时，通常以项目收益权为质押。

融资租赁是指，出租人根据承租人（用户）的需求，向供货商购买承租人选定的物件，将物件出租给承租人，承租人分期向出租人支付租金。融资租赁给盘活政府融资平台资产、存量资金提供了

机会。产业基金作为一种融资媒介，运营公司作为其发起人，通过注入较小比例的资本金撬动社会资本，参与到基础设施和公共服务项目的建设、运营中，从而扩大融资规模。

## 四、创新主体适应性发展

### （一）高校与科研机构的创业化、企业化

#### 1. 夯实产业基础能力

习近平总书记在中央财经委员会第五次会议和党的十九届四中全会强调，要加快提升产业基础能力。产业基础能力是构建我国现代产业体系的底板工程，对产业发展质量、发展潜力和可持续性以及产业链控制力具有决定性的影响，也是高质量发展的基础。因此，加强基础研究和原始创新，强化原创技术的研发和培育创新型人才队伍，是建设世界产业强国的基石。

在我国基础研究的组织体系中，高校、研究所由于在组织属性、学科交叉和人才资源方面存在着天然优势，是提高产业基础能力的重要组成部分。因此，我国要结合世界产业发展方向，强化高校、研究所的优势学科，注重科学研究，通过争取重大战略性、基础性科研项目，夯实产业基础能力。

我国要形成高水平的原始创新能力，就必须提高基础研究的质量。首先，通过设立与企业协同创新的对接部门，提供科研成果的

服务支持,并完善基础研究的选题机制;其次,培养一批综合型、创新型人才,进而涌现国际顶尖水平的科学大师,打造全球高端人才创新创业的重要聚集地,最终实现前瞻性基础研究、引领性原创成果重大突破,全面提升产业基础能力。

## 2. 打造创新性大学

借鉴斯坦福大学和其他创新型大学的教育理念,我国要从打造领袖培训计划和推动大学向创业型大学转型两方面发力,推动知识经济源头创新,完善国家创新体系,实现创新驱动发展的战略目标。

打造领袖培训计划。根据数据统计,创新企业死亡的高峰期是在创业后的第 2~3 年,这一阶段,企业通常已经完成产品的初次开发和迭代,而能否顺利实现产业化和商业化,决定了企业是否能获得长足发展。中国创新型企业成功率较低,除了创新能力较低外,经营者的"企业家素质"很低也是关键原因。硅谷里的印度高管之所以多,很重要的一个原因是他们受益于大学教育结构。

在印度大学,不管什么专业的学生,几乎都会选"商科+专业"的双学科,即从大学时代就开始培养企业经营的基本能力。同时,中国台湾及新加坡等地都推出了"青年领袖培训计划",即对遴选的潜力候选人提供课程支持,涵盖金融、企业运营管理、人力组织、项目过程管理等"mini-MBA"课程,并提供资助,将其送至国际顶尖科创公司工作 3~6 个月,学习国际领先经验。因此,我国要通过打造类似计划,帮助科技创业者形成企业运营管理的基本能力，提高科技成果产业化、商业化的成功率。

推动大学向创业型大学转型。高校不能再闭门搞研究，而要服务于城市或国家创新战略，强调研究与产业化、资本的结合，培养学生的企业家素养。也就是说，高校要在课程设置上增加创业教育，并积极拓展外围合作机构，与国内外顶尖研究机构、创新企业建立合作关系，让学生有机会在这些机构中接受全职培训，提升学生企业管理和经营的能力与意识。

## （二）创新动力的激发

党的十九大报告提出，"创新是引领发展的第一动力，是建设现代化经济体系的战略支撑，到2035年，我国跻身创新型国家前列的目标将激励全社会积极实施创新驱动发展战略"，而"基础研究"与"成果转化"是驱动创新的双轮。对于科技成果转化，有关部门出台了一系列落实和促进科技成果转化的政策法规，探索了各具特色的科技成果转化机制和模式。

但是，现实中一直存在着科技成果向现实生产力转化不力、不顺、不畅的痼疾，创新和转化各个环节衔接不够紧密的现象。从清华大学多年来的科技成果转化数据来看，其转化率只有5%左右，科技研发对经济和社会的支撑作用没有得到充分发挥。其实在我国面临的科技成果转化不畅的诸多问题中，最根本的一个问题为缺乏有效的产权激励，主要表现为在科研成果和知识产权的归属及参与研究人员的收益分配方面界定不明确。

美国的《拜杜法案》和武汉的"黄金十条"对科研成果和知识

产权的归属及参与研究人员的收益分配都做了明确规定,从而在政策出台后都取得了显著成效。

《拜杜法案》明确提出"科技成果由原来的国有化改为私有化,将联邦政府资助的科研成果所有权由联邦政府拥有改为单位所有",界定了科研成果和知识产业权归属于发明者所在的研究机构,同时提出了"转让费必须有一部分归发明者本人所有,其余部分要用于教育和科研开发,国家实验室的技术转让费至少要给发明者本人15%",规定了参与研究的人员均可分享其转化后得到的利益。

因此,在《拜杜法案》颁布之后,当时美国科技成果转化体制实现了重大突破。据统计,1980年以前,美国大学每年获取的专利数量不足250项;法案颁布之后,1993年,美国大学每年获取的专利数量增加到1 600项,至2000年达到了3 000多项,其中80%为联邦政府资助的科研成果。

武汉的"黄金十条"被称为中国版《拜杜法案》,直指科技成果"处置权、收益权、使用权"问题,推动了一批重大科技成果转移、转化。其明确提出"在汉高校、科研院所知识产权一年内未实施转化的,在成果所有权不变更的前提下,成果完成人或团队拥有成果转化处置权",并且提出了"转化收益中至少70%归成果完成人或团队所有",让科技人员合法创富。

2012年8月,武汉出台"黄金十条",到2012年年底,东湖示范区专利申请量突破1万项,增长速度超过40%。2013年,武汉东湖国家自主创新示范区的科技成果转化有85%来自高校,成功转化300多项科技成果。2014年1～7月，湖北省登记重大科技成果1 220项，转化应用率达到88.6%，极大地提高了高校科技成果转化率。

2017年，武汉出台了"新黄金十条"，提出"支持在汉高校院所按职务科技成果发明人（含发明人团队）占成果所有权70%以上比例共同申请知识产权，或按照科技成果发明人占成果所有权70%以上比例分割现有职务科技成果所有权，职务科技成果发明人对持有的成果可自主实施转化"，这进一步简化了科技成果转化程序，加速了科技成果转化，也进一步激发了各类主体创新创业、发展新经济、打造新动能的活力。

## （三）更广域范围、更高阶竞争环境的专业性服务支持

随着园区产业不断聚集和商业环境的日趋成熟，产业创新对服务的需求亦呈现多样化、专业化趋势，因此产业园需要引入各类专业服务中介机构。目前，园区提供的服务主要有五大类，包括科技创新服务、人力资源服务、金融服务、市场营销服务和其他专业服务。

其中，科技创新服务主要包括科技成果转化、技术项目交易服务、校企合作、科技中介、组织建设公共实验室等；人力资源服务主要包括人才就业与企业招聘服务、人才培训服务、大学生创业服务等；金融服务主要包括创业投资、债权融资和金融中介等；市场营销服务主要包括企业宣传、产品推广、产品营销等；其他专业服务主要包括法律、财务、咨询、评估、担保、技术经纪等。但是，目前中介

机构整体发展比较晚，服务质量不高，业务水平有限，局限于浅层次的低端服务，服务手段落后，中介业务量少。

因此，园区中介机构提升主要从两方面进行：一方面应加大政策扶持力度，促进其快速量化发展；另一方面，提升专业化水平，更好地服务于创新活动。

### 1. 加大政策扶持力度

中介机构具有规模小、专有性强、业务周期长等特点，融资难的问题在经营过程中尤为突出，因此政府财税支持和企业融资信用的建设，是解决中小服务业企业和个体经营者融资难问题的主要方式。

首先，政府要加大财税支持力度，从税收、财政补贴等方面给予扶持，制定政府重点扶持的中介服务企业的标准；其次，政府应建设以支持科技中介机构融资为主营内容的信用担保机构，还可引入民间资本或者通过各类基金、风险投资，缓解中小企业资金紧张的局面，促进各类中小企业和科技中介机构的可持续发展。

### 2. 提升专业化水平

政府要通过中介机构专业化人才培育、树立标杆学习企业、扩展对外合作等措施，推动中介机构提高专业化水平，从而构建体系完整、布局合理、品牌众多、特色突出、集聚力强的中介专业化服务业示范基地。

中介机构专业化人才培育，即为中介机构提供信息技术管理经营培训等，提高其整体素质并向高端化发展，并鼓励科技中介机构与国内外知名机构深化交流和合作，培养高层次和高水平的机构人才；树立标杆学习企业，即重点扶持基础雄厚、实力较强、有竞争优势的中介龙头服务机构，树立行业典范和培育一批名牌科技中介机构；扩展对外合作，即支持归国留学人员创办中介服务机构，鼓励国外中介机构进入国内中介服务市场，并与相关技术界、高等院校、科研院所等开展灵活多样的联结与合作，建立广泛的国内外合作体系。

## （四）创新"死亡谷"的突破

按照企业生命周期的理论，任何一个企业都要经历培育期、成长期、成熟期、衰退期四个阶段。由于企业所处的生命周期阶段不同，所面临的问题与风险也不尽相同，企业在整个生命周期中存在各种风险，而目前产业园区的大部分政策和服务主要集中在企业培育期，成长期和成熟期的配套政策和服务较少。因此，产业园要通过对企业成长期和成熟期面临的主要风险或问题进行分析，给出有效的应对措施，快速产业化或全球化，实现高质量发展，防止企业生命机体早衰，推动企业走出"死亡谷"。

企业在由培育期迈向成长期时，面临的风险主要来自三个方面：一是盲目扩张，但管理半径或能力难以支持；二是市场推广或渠道建设遇阻，产品商业化难以兑现；三是盲目多元化。

随着企业经营规模和人员规模的扩大，管理日益复杂，企业开始建立专业管理团队，比如聘请职业化经理人，若此时企业对集权和放权没有做好处理，也会导致工作不能顺利开展。另外，由于企业产品的知名度和影响力逐渐显现，企业开始引起竞争对手的注意，竞争对手的恶意竞争，也会阻止企业进一步发展。

针对以上风险的主要应对措施有：首先，通过产业技术服务、金融服务和多样化的非正式的企业交流活动，企业领导层可建立正确的风险观念，并帮助企业建立制度化的运营模式，避免组织过度受制于企业家个人，从而提高企业的"控制力"；其次，通过提供企业管理相关的服务，企业可建立各项管理工作的规范和现代企业制度，从而使企业各项工作走向正轨；最后，企业可完善成长期市场营销服务体系，提供专业化、多元化的服务，降低企业面临市场激烈竞争的风险。

进入成熟期，企业主要面临的问题为持续创新能力、开拓全球化市场和上市三个方面的问题。其中，成熟企业持续创新能力问题，可以通过园区大生态和小生态的创新系统为企业提供全方面的支撑；开拓全球化市场问题，可以借鉴新加坡龙头企业相关的国际化优惠政策。

例如，新加坡对企业国际化实行双重税收减免政策，提出"符合海外业务发展旅行及相关任务、海外投资研究旅行及相关任务、参加海外展销会和参加经批准的当地商品交易会四项活动，可申请不高于10万新元的自动双重免税（DTD），并且可以不向当局申报"，还提出了"新加坡跨国企业可以向新加坡国际企业发展局申请合格工资税收双重减免政策"等多项鼓励措施，以帮助新加坡本地企业走向国际，以及为园区全球布局的研发中心和招商部门提供相关帮助。

针对企业上市问题,产业园提供赴上交所、深交所学习考察的机会,以及金融集市、信贷资金等融资服务,组织会计师事务所、律师事务所等中介机构座谈会,从而为企业走进资本市场提供强有力的保证。

# 第九章
# 制度创新，打造富有竞争力的产业生态环境

园区产业的创新与发展需要良好的产业生态环境，产业园在人才引进、金融服务、土地政策、财政税收等服务体系方面的制度创新，为打造富有竞争力的产业生态环境提供了重要保障。

## 一、人才引进政策

人才是驱动产业自主创新发展、实现转型发展的关键，是在竞争中获得主动权、占领制高点的重要保障，而良好的人才引进政策是集聚和培养专业人才的重要保障。面对产业与园区自主创新的发展要求，人才的引进政策也应打破常规：在普适性政策的基础上，靶向施策，进行针对性人才政策的创新；同时打破传统人才聘用机制，采用多元化、灵活性的用人制度。

## （一）靶向施策，制定针对性人才政策

党的十九大报告指出，人才是实现民族振兴、赢得国际竞争主动权的战略资源。在国家推进经济高质量发展的时代背景下，全国各地纷纷加入人才争夺行列，相继出台人才引进政策，吸引高端紧缺人才。各地人才政策大同小异，以普适性政策为主，主要包括放宽落户政策、住房与租房补贴、创新创业资助等。

上海市在人才引进方面不断创新，从体制机制上激发创新主体的积极性，提高对高端创新创业人才的吸引力，以期实现从人才高地向"人才高峰"的转变。2015年7月，上海市出台《关于深化人才工作体制机制改革促进人才创新创业的实施意见》，俗称人才新政"20条"。2016年，上海市在"20条"的基础上推行人才新政"30条"，出台《关于进一步深化人才发展体制机制改革加快推进具有全球影响力的科技创新中心建设的实施意见》。2018年，上海市在已经出台的普适性人才政策——人才新政"30条"的基础上，出台人才高峰工程行动方案，实行分类施策，形成人才高峰建设针对性政策，实现一人一策，具体问题具体分析。

对照上海市人才引进政策，高技术产业园区在地区普适性政策的基础上，应制定更为详细、精准、个性的专项政策，在人才制度上允许针对人才的不同产业领域、不同层次、不同阶段实施专项政策。

首先，不同产业领域对人才的需求存在差异。在普适性政策的基础上，产业园应具有针对性的专项政策。专项政策创新侧重于对工作环境、器材设备等硬件的支持，以及管理权限、资金支配权限、成果转化利益分配等制度的支持。专业化园区应根据自身产

业领域特性，设置政策亮点，以完善的普适性的社会保障、生活便捷等服务政策，配合创新的专有的工作提升、事业发展等针对性政策，形成对急需人才的吸引力。

其次，不同层次的人才对于各项优惠政策的需求程度不同。普适性政策一般依据人才的不同层次给予阶梯化的优惠，比如租房补贴、购房补贴、人才公寓等。对于高端紧缺型人才，除普适性政策外，产业园应从人才引进制度创新角度出发，制定个性化政策，针对人才在工作、生活方面的不同需求，量身定制，一人一策。产业园要以更具人性化和个性化的政策，系统地满足各项需求，以人才引进政策的创新增强园区对不同层次人才的吸引力。

产业园尤其要注意对海外高端人才的引进。高新技术产业对高端人才的需求更加迫切，对海外高端人才的引进将是促进园区产业创新发展的重要保障。产业园要设置更为详细的人才引进、评价考核和服务需求等实施细则，靶向施策，使得园区对于高端人才不仅能够引得进，而且能够留得住、用得好。

此外，针对不同年龄阶段、事业发展阶段的人才对于生活、工作方面的不同需求，在普适性政策的基础上，产业园要围绕事业发展、社会保障、生活服务等方面，对不同阶段的人才施以更加精准的政策。

比如对于应届毕业生、初级科研工作者，在满足居住、交通等生活服务和人才培训等工作服务的基础上，尊重其对事业起步期发展方向的选择权。对于科研人员，在制度上允许其对科研方向的自主选择、科室轮转、方向转换等，以确保其进入最合适的科研领域，发挥最大的能动性与创造力。对于高层人才，在制度层面赋予其更多的自主权，包括用人权、用财权、设备器材购置权、研究方向决定权、评审考核权、机构设置权等，在最大限度地减轻高层科研人员行政事务的同时，给予其更多的自主权，以一流的软环境保障高层人才对于产业发展的引领作用。

## （二）多元化人才合作模式，打造灵活用人机制

高新技术产业发展对高端人才的需求更为迫切。面对高端顶尖人才的严重紧缺，在靶向施策、利用专项政策吸引人才的基础上，产业园还应拓展多元化的人才合作模式，打造灵活的用人机制，制定体制内外高端人才的畅通机制，扩大高端顶尖人才影响力的辐射范围。

国外一流园区与高校、科研院所在人才培养、输送及创业合作方面形成了成熟的机制。斯坦福大学和硅谷是高校与园区合作的成功模式代表。20世纪50年代，斯坦福大学设立大学荣誉合作研究项目，促进大学研究人员和产业界之间的专业联系与利益结合。当地公司的工程师和科学家在为公司全职工作的同时，可作为兼职学生在斯坦福大学接受高等教育，这个计划增强了公司和大学之间的联系，使企业的工程师得以保持技术优势并和大学之间建立专业联系。

同时，硅谷的众多企业创始人来自斯坦福大学。斯坦福大学鼓励教授在条件允许的情况下参与创业，并担任创业公司的职务。多元化的人才合作模式使得园区与高校取得双赢，这为我国

产业发展形成良好的产—学—研模式提供了借鉴。

武汉东湖高新区借鉴硅谷经验，于 2012 年 8 月出台《促进东湖国家自主创新示范区科技成果转化体制机制创新若干意见》以及 40 多项配套政策，明确提出"允许和鼓励在汉高校、科研院所与事业单位科研人员留岗创业，根据创业情况保留其原聘专业技术岗位等级 3~8 年，档案工资正常晋升，创业所得归个人所有"。武汉的"黄金十条"通过制度创新，为高校和企业搭建桥梁，丰富了两者之间的合作模式，以更加灵活的用人模式激发研究人员的创新创业动力，致力于促进产业发展。

借鉴国外一流园区以及武汉人才制度经验，产业园应在人才合作模式方面创新，支持高校、企业、政府等多方机构开展多元化的人才交流与合作；在制度层面鼓励高校、科研院所研究人才创新创业，加快研究成果产业化，促进产—学—研用多主体合作系统的不断优化。此外，针对高层次人才身份的转换，包括企业家与科研工作者的转换、体制内外身份的转换等，产业园应建立相应的畅通机制，拓展高层次人才进入体制的渠道，为人才引进提供制度保障。

总体来说，针对高端紧缺人才，人才引进政策要具有灵活性、精准性和包容性，串联人才引进及后续发展的全流程服务。针对不同级别、不同发展阶段的人才，产业园可因人施策、靶向施策，允许兼职、合同聘用、留岗创业等合作模式，建立体制内外人员的流动机制，明确人才应有的权利、知识产权归属及利益分配模式，以制度的创新来激发和维持人才的创新动力，以人才驱动产业创新，最大限度地发挥人才对产业发展的引领性。

## 二、金融服务政策

产业园的金融服务能力是推动园区可持续发展的重要保障之一，对园区的开发建设、运营以及园区企业的发展至关重要。良好的金融服务政策与服务能力将助力园区及企业的创新发展。在新经济形势下，高科技园区存在大量轻资产、中小型科技企业，无抵押物导致众多企业无法利用传统融资方式解决资金短缺问题。

对此，高科技园区需要创新金融服务政策，以创新多元的金融产品和灵活的融资方式帮助企业融资，引入国家、银行、保险、基金公司等多主体参与金融服务，针对企业发展的不同阶段，提供不同的资金支持，形成多主体相互补充的投融资主体。

### （一）创新金融产品与丰富融资方式

金融产品创新是解决中小型科技企业融资瓶颈的重要途径。多地高新区、产业园在金融产品创新方面实现突破，在整合银行传统业务品种的基础上，重新组合信贷要素，创新性地推出专利质押、商标质押、知识产权质押等信贷产品，打造适合中小企业融资的创新金融产品与灵活融资方式。

英国政府为鼓励成长期企业，尤其是创新型企业的可持续发展，采取了诸多措施。在金融服务方面，针对资金短缺、融资难的问题，英国财政部于2016年领衔发表了"耐心资本审议"（Patient Capital Review）报告，提出要让英国成为高增长、知识密集型企业的成长壮大之地，向它们提供所需要的"耐心"投资，这一报告甚至构成了英国产业政策的一部分。所谓的"耐心资本"就是"长期资本"。区别于风险投资公司大多只看重短期利益,"耐心资本"更看重长期回报,尽力平衡投资的社会影响和金融回报。2018年6月,英国政府与英国商业银行合作,成立了资本金达25亿英镑(约合219亿元)的银行的重要功能部门之一——"英国耐心资本",其主要使命就是对全英范围内具有发展潜力的创新型公司开展长期投资。

武汉东湖高新区共出台28项科技金融创新政策,涵盖股权投资、融资租赁、科技信贷、融资担保、科技保险等各个方面。在金融政策支持下,各大银行重视中小型科技企业信贷产品的开发与创新。针对中小型科技企业融资额度小、融资时效性高、贷款期限短和频率高、融资利率弹性大等特点,银行重新组合各信贷要素,开发出适合中小型科技企业融资的金融创新产品(见表9-1)。

表9-1 武汉东湖高新区创新金融产品

| 金融机构 | 金融创新产品 |
| --- | --- |
| 国家开发银行 | 园区集合贷、研发贷款、知识产权质押贷款 |
| 工商银行 | 领军人才科技贷款、科技转化贷 |
| 建设银行 | 信用贷、供应贷 |
| 交通银行 | 展业通、商标权质押贷款、文化创意版权质押贷款、中小企业信用贷款 |
| 汉口银行 | 三板通、投贷联动、融资租赁 |
| 兴业银行 | 增级贷、积分贷 |
| 民生银行 | 牵手贷、投联贷 |

（续表）

| 金融机构 | 金融创新产品 |
| --- | --- |
| 浦发银行 | 投贷融、集合融、成长融 |
| 华夏银行 | 网络贷、助力贷 |
| 光大银行 | 融资易、票据全 |
| 招商银行 | 供应链金融 |

苏州工业园区不断创新金融产品服务，目前已形成六大覆盖企业全生命周期的产品体系，推出"苏科贷"、"科技贷"、"园科贷"、"扎根贷"、"知识贷"和"绿色制造贷"等创新金融产品。企业通过知识产权质押、"智能"或"绿色"评估等方式与银行等金融机构合作，形成了一系列适用于不同发展阶段、不同行业特质的政策性金融创新产品。园区通过风险补偿资金池与银行等金融机构合作，建立风险共担机制，鼓励合作金融机构加大贷款支持力度，降低放贷门槛和利率。

高新技术产业园区应提高金融服务能力，针对园区发展特点及企业需求，优化金融服务体系，结合企业在专利、知识产权、科技创新、品牌商标等方面的优势，主动对接银行，开发创新型金融产品，并建立与融资密切相关的知识产权等信用贷款评价体系、风险防范和分担机制等，促进高科技企业的快速成长。

## （二）多主体相互补充的投融资结构

金融产品与融资方式的创新需要多元化的投融资主体参与，产业园应与政府、银行、基金公司、保险等多方建立密切联系，搭建金融服务平台，形成多主体相互补充的金融服务体系，为处于不同发展阶段的园区企业提供不同的金融服务，保障资金支持。

对于产业园和科创型企业而言，政府财政支持是其起步发展的主要资金来源。政府通过资金支持保护企业创新发展的热情与活力，扶持地区产业通过创新发展实现转型升级。对于初创期企业，除政府支持外，产业园应引入风险基金、产业基金等，研发与政府资金互补的基金、信贷产品，在风险可控的情况下给予它们支持。

成长期企业的迅速发展对资金的支持要求更高，园区应通过金融服务平台为企业与银行、保险、担保等融资渠道建立良好通道，推出与担保、保险等相融合的信贷产品，助力企业顺利融资，支持企业的发展壮大。

成熟期企业对金融服务的需求更加全面，融资方式的多元化发展要求园区创新金融服务工具，从财会、信贷到人事、法律等企业发展涉及的各个方面，为企业提供一揽子金融服务。2019年年底，上海市经济信息化委、上海市金融工作局、上海市财政局联合商业银行和市担保基金中心，共同推出"科创企业上市贷"企业服务方案，面向具备科创属性的改制上市入库企业，提供"全方位、精准化、托底式"服务，助力科创企业上市。

完善的金融服务体系是园区进行开发与招商运营的重要抓手。园区在落实政府指导性政策的基础上，应与银行、保险、担保、基金公司等多元化的投融资机构保持通畅联系，搭建多元化的金融服务平台，创新开发多元化、相互融合的金融产品与融资方式，为企业做好从初创期到成熟期各个发展阶段的金融服务。

金融服务能力的提高需要国家和各级政府以及园区的共同努力。国家要在政策制定、平台搭建等方面发挥制度保障作用，并发动银行、基金等相关力量，给予企业金融产品与资金投入的支持。各级政府应依据区域产业发展情况，博采众长并立足实际，制定行之有效的金融服务政策，落实国家政策实施细则，充分发挥政策的支撑与保障作用。园区在落实政府政策的基础上，应挖掘企业需求，积极与银行、基金、风投对接，共同创新金融产品与融资方式，搭建多元化的金融服务平台，做好全方位的金融服务。

## 三、土地政策

土地政策与产业发展和经济增长密切相关。在新经济时代背景下，我国产业不断转型升级，产业结构不断优化，后工业化时代的产业发展对土地利用规划的需求更具弹性。随着我国城镇化进程的不断加快，土地空间需求的不断扩张，土地利用已经进入存量时代，土地资源的节约集约以及高效利用变得至关重要。未来对土地利用的全生命周期进行监管，盘活低效用地、存量用地，是土地政策优化的重要方向。

### （一）顶层规划提高土地利用弹性

城市规划是引领城市发展的总纲、建设的蓝图和管理的依据。我国现行的城市总体规划制度始于计划经济时期，在一定程度上仍秉承着计划经济的思维——对城市空间发展的管控和干预较为严格和刚性，显示出规划的权威性。随着市场经济体制的逐步建立，社会利益主体日益多元化，传统的自上而下的指令性空间安排已难以应对灵活多变的社会经济环境，城市规划亟待由刚性向弹性转变，以充分支撑不断扩张的城市空间发展需求，提高城市对不确定扰动的适应调整能力。[1]

在新经济时代，城市规划的弹性化是应对产业结构与产业主体特征对空间需求多样性和灵活性的重要手段。城市规划应在保持确定性要素刚性约束条件下，适当增加弹性空间，即扩大有限规划指标的可浮动范围。以土地利用规划为例，我国现有分类体系过于精细，土地空间布局过于刚性，导致土地用途变更难度较大，影响土地投入市场成为有效供应，进而影响规划的权威性。因此，土地政策需要在分类体系上适当增加弹性，以适应市场条件下城市发展的不确定性。

日本东京、美国纽约等地都通过"特殊区划法"或类似机制设计，为土地用途变更保留了适度的弹性。新加坡以地块为单元预留不明用途的"白色"地带，进而将其转化为"白色成分"，并与"商业用地""商业园用地"混合，形成以"商业白地"和"商业园白地"为主的土地混合利用和建筑复合使用方式，即所谓的综合用地模式。其中，"商业白地"的主导用途占建筑总面积的比例不得低于60%，"白色成分"的比例视评估而定。"商业园白地"建筑总

---

[1] 张惠璇，刘青，李贵才. "刚性·弹性·韧性"——深圳市创新型产业的空间规划演进与思考 [J]. 国际城市规划，2017，32(3)：130-136.

面积的 85% 规划为主导用途、附属用途部分，该部分用途固化且功能转换受限制；15% 可留为"白色成分"，该部分允许功能自由转换，不需经过任何审批。

我国在城市规划中，对于土地分类与空间布局的规划应给予适当的弹性，对土地分类进行整合，在空间布局上预留可变空间，以适应城市发展的不确定性，避免项目倒逼规划调整现象的发生，从而体现规划的领先性与权威性。

## （二）全生命周期管理提高土地利用效率

面对土地资源要素的天花板以及生态环境的硬约束，土地资源的集约高效利用变得至关重要。加强对土地供应、建设到效益产出全生命周期的监管，是在存量土地时代实现土地减量提质的必要手段。

上海昆山通过构建"严格准入—优化供给—强化监管—存量盘活—资源统筹"的土地减量提质政策"闭合环"，依托"双合同"、履约保证金和二级市场监管平台三个抓手，实现对土地资源的全生命周期管理。其中，"双合同"是指企业在签订出让或租赁合同之前，必须与属地政府签订监管协议，明确约定在出让或租赁期限内，企业应满足的开发建设要求、亩均投资与产出、安全环保等条件，以及达不到约定标准应承担违约责任等受监管内容。合同期内，企业应接受约定条件的综合效益考核；对于未通过考核的企业，根据约定完成情况，政府启动违约责任追究机制或土地使用权退出机制。

履约保证金用于开竣工和达产监管，倒逼企业严格履行监管协议约定内容，早日投产达效和高效用地。土地二级市场监管平台的主要作用是：加强土地二级市场的交易监管，在多部门联动监管的环境下，避免不符合昆山产业、安全、生态、环保的项目通过土地转让、司法拍卖和股权变更等方式进入土地二级市场。[①]

在高新区、开发区以及各类产业区遍地开花的背景下，响应国家土地集约高效利用的政策，在土地利用规划更具弹性的同时，相关主体还应从监管层面促进土地利用减量增效：从事前的项目准入门槛设计，到事中的项目土地出让方式、出让时限、价格评估与评定等，再到事后的投资强度要求、清洁生产绿色门槛、产出效益、创新密度、违约处置条款等，对项目进行全生命周期的管理，以实现土地对规划意图的落实，强化土地对城市经济发展的空间保障。

## （三）市场化机制盘活存量

伴随城镇化的快速扩张，城乡用地粗放经营现象非常普遍。新型城镇化发展理念要求实现经济内涵集约式增长，提升存量资源利用效率。盘活存量土地、低效土地是土地存量时代促进产业发展、实现经济集约增长的重要途径。2016年11月，国土资源部发布《国土资源部关于印发〈关于深入推进城镇低效用地再开发的指导意见（试行）〉的通知》，明确提出：建立与完善政府引导、部门

---

① 何剑鸣.土地全生命周期管理的昆山探索[J].中国土地，2019(07)：31-33.

协同、公众积极参与的有效机制，鼓励土地相关权利人、集体经济组织、社会开发企业等市场主体和社会相关力量参与城镇低效用地改造开发，形成丰富多样的再开发模式。

存量及低效土地盘活需要建立多主体参与、利益分配多元化的市场化机制。目前，我国多数存量土地面临再开发主体单一、政府资金压力大、再开发进展缓慢等问题。面对存量土地盘活的迫切需求，政府需要引入多元化的主体参与土地开发。深圳、广州、上海等存量土地再开发试点地区将土地再开发主体扩展为原土地使用权人、开发企业以及原土地使用权人与开发企业的联合体。例如，深圳除了政府作为再开发主体，原土地使用权人也可以作为开发主体，或者与企业联合开发。开发主体的多元化有助于激发各方活力，合力推动存量土地再开发进程。

土地再开发主体的多元化要求相应多元化的利益分配制度，土地再开发收益分配不科学是阻碍土地盘活的重要原因之一。针对存量土地的自行开发、土地收储、土地征收等不同再开发方式，原土地使用权人所得利益差别较大。为促进存量土地开发，在允许多主体参与开发的基础上，政府还应完善开发主体增值收益共享机制，让收益分配适度向自行开发倾斜；政府还要在土地价款和税费分配上做出让利，以保障存量、低效土地再开发的可持续性与长期效率。

土地政策制度的创新首先要求政府从源头规划抓起，在严格刚性约束的基础上，增加规划时效、分类体系与空间布局的弹性调节；其次，政府要在监管层面实现全生命周期管理，保障项目开发对土地规划的落实，促进土地利用减量增效；最后，政府还应加快完善市场化的存量盘活机制，允许多主体参与开发，完善多元化利益分配机制，保障开发主体利益，激发原土地使用权人再开发积极性，促进存量、低效土地再开发。

## 四、财政税收体系

财政税收政策是促进我国高新技术产业园区发展的又一重要力量，是园区开发运营过程中扩大招商、吸引投资的基础政策和重要手段。随着我国高新区、开发区、自主创新示范区、自贸区等各类产业发展"特区"的建立，相关财税政策也在不断完善，然而政策覆盖不均衡，支持力度有偏颇。为促进各类产业发展"特区"的良好发展，财税政策应由选择性、竞争性向普惠性方向发展，并实现全面覆盖。同时，政府应优化财税政策细则，提高政策送达性，增强园区企业的根植性与创新发展能力。

### （一）扩大政策覆盖，增强普惠性和功能性

从 20 世纪 80 年代开始，中国逐步在全国设立经济开发区、高新技术产业开发区，并出台一系列涉及企业税收减免、优惠的财税政策，产业发展的政策高地雏形初现。自 2009 年开始，我国开始设立国家自主创新示范区、国家自由贸易试验区等新型产业发展"特区"，出台针对企业更为优惠、力度更大的财税政策，新一轮政

策高地凸显。原有高新区、开发区的财税政策多针对初入企业给予一定年限的税收优惠，但目前多数园区发展较为成熟，给予园区企业的优惠政策已到期，后续的优惠政策缺失，导致政策红利消失，原有政策高地逐渐演变为政策洼地，影响企业的后续发展，并对园区企业根植性造成一定影响。

当前各地的财税政策设计都"偏两头，弱中间"，对小微、初创企业以及发展相对成熟的大型企业支持力度较大，而对处于发展期的中间企业支持不足。按照企业发展生命周期理论，这类中间企业正处于规模扩张、成果转化的重要阶段，收益少、风险大，处于第二死亡高峰期，对资金及优惠政策的需求更为迫切。

此外，当前中国产业政策的设计偏向"差异化、选择性"，以政府财政支持、税收优惠为主要调节手段的财税政策表现得尤其明显。这与我国"让市场配置资源"的发展导向相悖，同时也给了其他国家质疑我国市场经济主体身份的理由。因此，未来产业园应调整产业政策，"瘦身"选择性产业政策，收缩数量和范围，从一般竞争性领域退出，聚焦于战略性领域、国家安全领域和"卡脖子"技术领域等。另外，产业园要强化功能性产业政策，加大对科技研发、专业化人力资本、外部性强的基础设施以及信息不对称等领域的支持力度。从产业环节来看，产业园要抓两头、放中间，即支持前端研发设计和后端市场培育，把中间的生产制造环节交给市场。从产业周期来看，产业园应主抓产业起步期和衰退期，对起步期的产业扶上马、送一程，促进其快速增长；对衰退期的产业加快转型，把资源腾出来用于发展前景较好的产业。

因此，财税政策的设计应在关注自主创新示范区、自贸区等新区的同时，及时补足对高新区、开发区等成熟园区的支持；在关注初入企业和龙头企业的基础上，补足对中间发展期企业的政策缺失，从企业发展的全周期考虑，设计多样化的财税政策，对园区企业形成持续的支持与吸引，助力园区企业自主创新发展，增强园区企业的根植性。

## （二）优化政策细则，提高政策送达性

鼓励和扶持产业创新发展的财税政策在不断完善和丰富，但在政策细节和送达性方面仍有待提高，因为这会影响政策的可操作性和实施效果。现行政策普遍具有宏观指导性较强、补充落实通知较多等特点，同时具有一定滞后性，这导致企业不能及时全盘接收政策方针，不能准确判断政策的适用性。因此，产业园应及时出台政策落实细则，为企业提供准确的政策适用判断依据；同时及时通过多种渠道公布政策细则，提高政策送达性，从而体现政策对企业的扶持和激励价值。

# 后　记

本书主体内容完成于 2019 年年底，我们对其进行了历时大半年的修改与调整。

在此期间，我们关注到，国家和地方在高科技产业及特色园区未来建设与发展的方方面面持续加码，无论是在金融资本、用地政策、资金支持等物质条件上，还是在服务意识及能力提升等软环境上。

由此，我们以中关村生命科学园为原点，与国内外其他优秀特色园区及区域的发展精髓、经验做思想碰撞，得出的观点与现实相印证：产业园的未来趋势与走向已如本书所预判那般，且日渐清晰发展。此刻，三复斯言，总结陈词。

## 1. 产业园顶层逻辑变化，运营逻辑变化

以作者经验来看，2020 年可谓产业园发展的新纪元，影响产业园发展的两个关键要素——土地和资金，在政策上发生了颠覆性变化，从而整体上改变了产业园的顶层运营逻辑。

我们看到，无论是一些城市对存量土地资源盘活相关规定的更新，

还是地方对新型工业用地管理的持续规范（对"产业勾地"的相关管控、各类工业用地从进入到退出的全生命周期管理措施等），都有着共同指向——工业用地为产业服务，工业土地资本化运作的通道及赢利空间正被切断，工业用地政策导向是"产业友好型"而非"资本友好型"。

因此，未来产业园的运营逻辑必将从重开发、轻运营转向开发运营并重，运营主体需大力提升系统运营能力，转变与入驻企业的关系，从简单的空间相关关系转化为更为紧密的利益共同体关系。

### 2. 产业园竞争格局变化，战略洗牌

未来产业园之战，可谓"战在产业，场在城市"。竞争不仅仅发生在企业与企业、产业园与产业园之间，更发生于它们所在的城市之间。产业园所在城市的综合实力，各级管理部门与产业园、企业之间的管理及服务是否更加通畅、到位，在某种程度上都将成为产业园竞争力的一部分。

因此，在作者看来，中国的产业园未来或将迎来一场大洗牌。决定竞争格局的因素不仅包括产业园自身实力，还涉及产业园所在城市的实力及其对产业园发展的支持能力和意愿。

### 3. 产业园驱动因素变化，主体关系调整

未来，产业园发展将从要素驱动转向创新驱动、运营能力驱动，各类创新研发资源和运营机构的主体地位将大大提升。以往以"官、产、学（研）"为位序的主体关系，或将转化为"官、产、学（研）、金、中

(专业服务机构)、运(运营机构)"六大主体适时自我优化调整的局面，从而使不同主体间的交易成本更低，建立更加紧密的网络互动格局，以推动产业园运营持续创新。

### 4. 产业园供需关系变化，战略升级

在国内大循环为主体、国内国际双循环相互促进的新发展格局下，供给侧结构性改革深化，未来产业园承载的产业及产品将向价值链中高端跃升。

单体产业园的命运走势如何？在很大程度上，这取决于其所在区域创新系统中相关主体的主观能动性及其持续学习和调整的能力与意愿，以及六大主体（官、产、学、金、中、运）的协同创新能力与意愿，即本书所阐述的"适应性创新能力"。

以上种种观点，在现实环境中已经或正在被一一印证。

在用地政策方面：2019年11月5日，深圳推出30平方公里产业用地，面向全球进行产业招商，重点布局重大创新载体、新兴产业集群和产业链重点领域的关键环节，只要符合深圳未来定位的，"要多少地满足多少地"。2020年年初，上海与苏州相继发布用地政策——上海可供工业研发用地增量空间超过50平方公里，苏州则为68.8平方公里。

在金融领域：2020年4月30日，中国证监会和国家发展改革委联合发布《关于推进基础设施领域不动产投资信托基金（REITs）试点相关工作的通知》《公开募集基础设施证券投资基金指引（试行）》（征求意见稿），这标志着境内基础设施公募REITs试点正式启动，国

家战略性新兴产业集群、高科技产业园、特色产业园等REITs试点蓄势待发。

"道可道，非常道。"本书无法教给读者产业园运营的锦囊妙计"一、二、三"，即产业园运营之"术"，但我们试图通过将诸多案例放置于当时的历史背景下进行纵深解读，寻求产业园运营发展的机理性规律，为读者提供"懂大势、明机理、知未来"的可能性，从而以不变应万变，在充满不确定性的未来或将有更多胜出的机会。

我们要特别感谢北京中关村生命科学园发展责任有限公司的大力支持，该公司不仅为本书选题提供支持，开放相关数据与资料，而且大力协助我们联络及访谈入驻企业、机构及园区历任领导者；同时感谢北京到达文化咨询有限公司团队及中国人民大学公共管理学院教授郑国，他们为选题立意、书稿写作等提供了独特视角及无私帮助，并在数据精确性、语言表达及历史还原等方面给予大力支持；还要感谢中信出版集团的王宏静女士，她从立意、结构等方面给予我们高度点拨，令本书内容有脱胎换骨之感。最后，在此一并致谢其他为本书的出版贡献力量的同事与朋友，就不再一一点名。

本书作者于北京寓所<br>2020年9月6日